本成果受北京高校“双一流”建设资金支持

刘 凯◎著

从收入、财产到居民幸福感：社会公平的多维视角

From Income and Wealth to Happiness:
A Multidimensional Perspective of Social Equity

中国财经出版传媒集团

经济科学出版社
Economic Science Press

图书在版编目（CIP）数据

从收入、财产到居民幸福感：社会公平的多维视角/刘凯著．
—北京：经济科学出版社，2020.6
ISBN 978-7-5218-1439-2

Ⅰ.①从…　Ⅱ.①刘…　Ⅲ.①平等（经济学）-研究
Ⅳ.①F036

中国版本图书馆CIP数据核字（2020）第053265号

责任编辑：于海汛　何　宁
责任校对：靳玉环
责任印制：李　鹏　范　艳

从收入、财产到居民幸福感：社会公平的多维视角
刘　凯　著
经济科学出版社出版、发行　新华书店经销
社址：北京市海淀区阜成路甲28号　邮编：100142
总编部电话：010-88191217　发行部电话：010-88191522
网址：www.esp.com.cn
电子邮箱：esp@esp.com.cn
天猫网店：经济科学出版社旗舰店
网址：http：//jjkxcbs.tmall.com
北京季蜂印刷有限公司印装
710×1000　16开　13.25印张　200000字
2020年6月第1版　2020年6月第1次印刷
ISBN 978-7-5218-1439-2　定价：52.00元
（图书出现印装问题，本社负责调换。电话：010-88191510）
（版权所有　侵权必究　打击盗版　举报热线：010-88191661
QQ：2242791300　营销中心电话：010-88191537
电子邮箱：dbts@esp.com.cn）

前言
PREFACE

老子言："天之道，损有余而补不足。人之道，则不然，损不足以奉有余。"前半句讲的是物理学中的热力学第二定律——在孤立系统中，能量的传递具有方向性，系统趋于混乱度最大和熵值最大；后半句讲的是人类社会中的财富分配问题——在一般情形下，拥有较多财产的富人其财产积累的速度要快于财产匮乏的穷人，社会的贫富差距趋于扩大化。

从人类历史来看，在个体拥有较大自由度、政府或其他社会组织再分配功能较弱的时期，一个社会的贫富差距的确是趋于不断扩大的。皮凯蒂（Piketty）在《二十一世纪资本论》中对18世纪工业革命以来主要资本主义国家的财富分配数据进行了整理和分析，发现近300年来不加制约的资本主义导致了财富不平等的加剧，自由市场经济自身无法解决财富分配不平等的问题。实际上，人类社会贫富差距的扩大化也是一种系统混乱度增大的过程，要改变这种趋势必须施以强有力的干预措施（如征收高额的资本税和遗产税），这正如要改变物理系统熵值增大的趋势就必须从系统之外注入额外的能量一样。

中华人民共和国成立70年以来，中国经历了从传统社会主义计划经济向中国特色社会主义市场经济的转变。这种转变的直接诱因是为了提高生产效率、实现更快的经济增长，但公平正义、共同富裕又是社会主义的应有之义。那么，中国特色社会主义市场经济体制能否以及如何真正地兼顾效率与公平、在提供强劲经济激励的同时又较好地解决分配公平的问题？这显然是中国的经济学者和政策制定者要讨论和研究的首要问题。

本书综合使用计量经济模型、经济学实验、行为经济学分析以及理论模型演绎等多种方法，系统研究了中国的收入分配、财产分配以及居民幸福感及其分布等问题，从多个维度探讨了社会公平这一重要的时代议题。在此基础上，本书针对如何改善收入分配、财产分配以及居民幸福感分布进而构建更加和谐美好的社会提出了诸多政策建议。

本人在过去 10 多年时间里对中国的分配问题以及其他相关问题进行了系统研究，本书算是一个阶段性的总结。研究分配问题的起点往往是收入、财产水平及其分配，因此本书的第二章至第四章使用微观调查数据和国家统计局数据对中国居民的收入、财产分配以及宏观收入分配格局等问题进行了研究，既描绘了收入和财产的分布状况及其动态变化，也对相关因果关系进行了探讨。但我认为，仅仅关注收入分配和财产分配是不够的，研究公平问题还需要关注居民幸福感的分布及其不平等。因此，本书的第五章至第十章较为系统地研究了居民幸福感不平等的重要性、现状和动态演化、其与收入不平等的关系以及其他相关问题，这是本书的一大创新。

本书的标题为“从收入、财产到居民幸福感：社会公平的多维视角”，就是要强调平等内涵的多样性，采取一些狭隘的或单一的平等观使我们难以理解人类经济社会的复杂性，也不利于准确定位政府在公平分配方面的角色以及最优分配政策的制定。因此我们认为，中国特色社会主义市场经济体制在解决分配公平的问题时，也应该超越传统的收入、财产分配视角，从更广阔的视角来看待人与人的差异以及人与人的平等。

刘凯
2019 年 9 月

目录
CONTENTS

第一章　引　　言

所有的社会基本善——自由和机会、收入和财富及自尊的基础——都应被平等地分配，除非对一些或所有社会基本善的一种不平等分配有利于最不利者。

——约翰·博德利·罗尔斯（John Bordley Rawls）

如果每一位公民既是财产所有权代表同时也是工资所有权代表，那么价格机制有效运行使工资率相对资本回报率降低便不会影响个体间收入分配，每个人的财产性收入会随着其工资收入降低而升高。

——詹姆斯·爱德华·米德（James Edward Meade）

第一节　分配与平等：中国经济发展进程中的永恒议题

新中国成立 70 年的政治经济发展历史，就是一部关于如何处理效率与公平的关系、如何定义人与人之间平等关系的历史。无论是在马克思主义经典作家从对资本主义“剥削”制度的否定中演绎出科学社会主义合理性的理论著作里，还是在从中国土地革命到社会主义革命的历史实践中，公平的分配制度都处于核心的位置。所以新中国成立后不久，就逐步建立起了生产资料公有制占绝对主导地位的经济制度，与之对应的按劳分配制度决定着人们的收入水平和收入差距。总体来说，与旧中国相比，那一时期的贫富差距有较大程度的改善，尤其是最低收入人群的生活状况得到了较大幅度的提升。在社会主义制度确立后的 20

年里，伴随着人们收入水平较为稳定的增长，中国居民收入的基尼系数在世界上一直处于较低水平。

但生产在决定分配的同时，分配也会反作用于生产。不同的分配制度会对人们产生不同的工作激励，因而会对社会总生产产生不同的影响。1978 年开始的改革开放进程重塑了中国的分配制度，因而也重塑了中国的生产过程，生产资料所有制也随之调整。家庭联产承包责任制这一农业领域分配制度的改革，极大地解放了农业生产力，促进了农业发展。乡镇企业、民营经济以及外资企业的蓬勃发展，使社会主义市场经济体制得以逐步确立，中国逐渐形成了以公有制为主体、多种所有制共同发展的基本经济制度和以按劳分配为主体、多种分配方式并存的分配制度。与计划经济相比，市场经济极大地提高了资源配置效率，使中国经济保持了数十年的高速增长。与此同时，多种生产要素按照市场原则参与收入分配的机制，使分配的平等性有所降低，虽然改革开放 40 多年以来中国的减贫人数超过 7 亿人，但中国居民收入的贫富差距和城乡差距却有所扩大，如图 1－1 至图 1－3 所示。

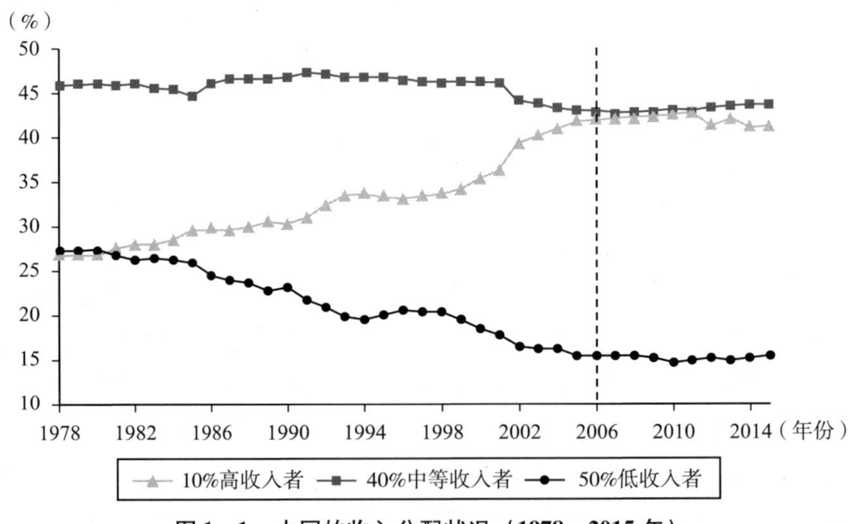

图 1－1 中国的收入分配状况（1978～2015 年）

资料来源：Piketty, T. , L. Yang, and G. Zucman. (2019) "Capital Accumulation, Private Property, and Rising Inequality in China, 1978－2015" American Economic Review, 109 (7): 2469－2496.

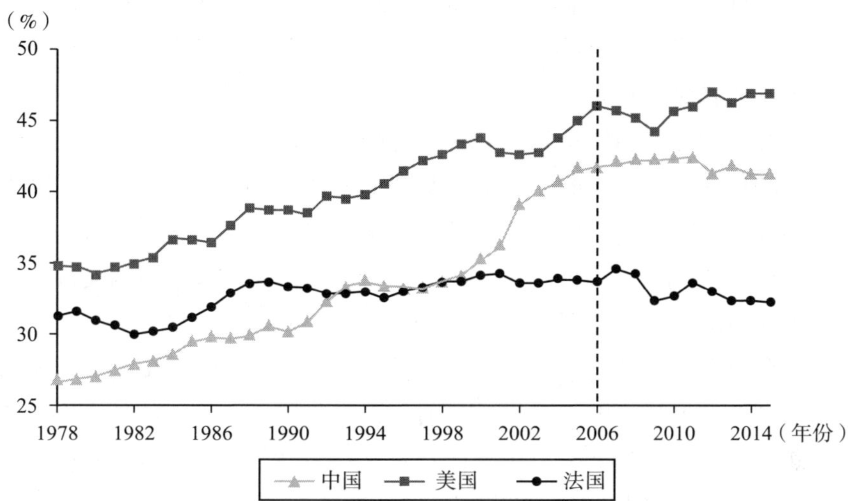

图 1-2　前 10% 高收入者的收入占比：中国与发达国家比较

资料来源：Piketty，T.，L. Yang，and G. Zucman.（2019）"Capital Accumulation，Private Property，and Rising Inequality in China，1978 - 2015" American Economic Review，109（7）：2469 - 2496.

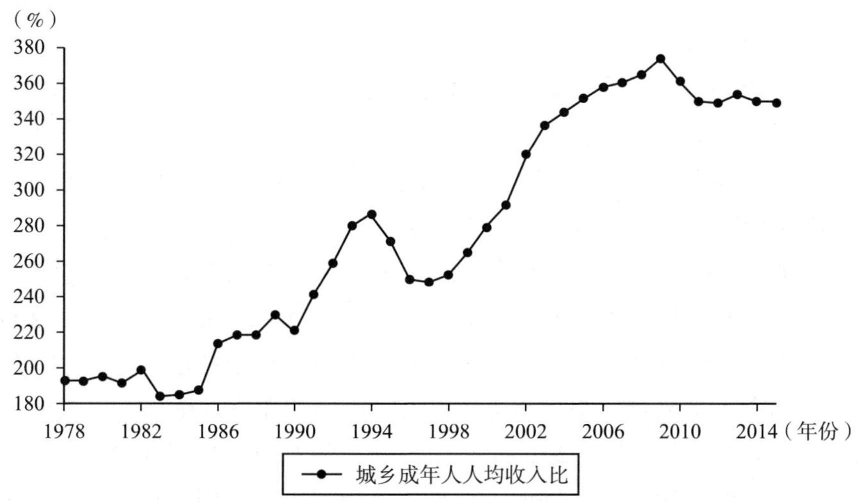

图 1-3　中国城乡收入差距（1978～2015 年）

资料来源：Piketty，T.，L. Yang，and G. Zucman.（2019）"Capital Accumulation，Private Property，and Rising Inequality in China，1978 - 2015" American Economic Review，109（7）：2469 - 2496.

伴随着中国经济蛋糕的做大和政府财政能力的提升，要求分配平等的社会主义基因再次通过各种传导机制影响到政策制定。一些偏向于农业、农村和农民的政策以及社会保障体系和再分配制度的逐步完善，使2008年以来中国的收入分配状况有所改善。国家统计局数据显示，2008～2015年，全国居民收入的基尼系数由0.491趋势性地下降至0.462。这与图1－1～图1－3所反映出来的趋势基本一致。另外，我国政府提出2020年要消除绝对贫困的目标，如果这一目标如期实现，那将是中国经济发展史和国际减贫史上的又一壮举。

如今中国按名义汇率计算已经是世界第二大经济体、按购买力平价计算已经是世界第一大经济体，中国又提出了高质量发展、“两个一百年”奋斗目标等更远大的目标，而在这些目标中共同富裕被经常提起。2008年全球金融危机的爆发引起了不少反思，美国国内日益严重的贫富差距被认为是危机爆发的重要原因之一。而中国要成功走出一条有别于西方发达国家的发展道路，在实现经济规模稳步增长的同时，能否有效抑制贫富差距、实现共同富裕被视为重要的判断标准。分配制度的改革、平等理念的讨论、共同富裕的实现路径，在未来很多年都将是中国经济发展进程中的重要议题。

本书将从收入分配、财产分配、居民幸福感及其分布等多个视角，系统研究和探讨当代中国的分配与公平问题。本书使用的方法包括基于微观调查数据库的统计研究和计量经济学研究、经济学实验、行为经济学分析和研究、理论模型演绎等多种方法。

从收入分配来看，我们利用2005年和2007年的两次微观调查数据研究了那一时期中国城乡居民收入分布及其不平等状况。根据本书第三章的计算结果，2007年中国城镇和农村的基尼系数已经分别达0.57和0.62，高于之前研究的估计结果，与美国等发达国家的差别逐渐缩小。具体来说，从2005～2007年，城镇居民收入分布的基尼系数从0.45上升至0.57，增长幅度达27%；同时，扭曲系数和变异系数也分别从1.51和1.53上升至1.91和2.87。这说明城镇居民的收入分布差距扩大的趋势已经十分明显，其原因主要在于收入分布顶端的家庭收入增加迅速，而收入分布底端的家庭则变得相对贫困。2007年城镇与农村的收入分布相比，城镇的不平等程度更高。农村收入分布的基尼系数、扭曲系数和变异系数分别为0.45、1.51和0.9，都低于城镇的相应指标。从收入的绝对值来看，城镇居民的收入远高于农村，其收入均值大约为农村的4.5倍。

宏观层面的收入分配格局，即国民收入在劳动和资本等生产要素之间的分配，也是十分值得关注的问题。在本书中，我们借鉴后凯恩斯主义收入分配模型，将国民收入中的资本报酬分为住户利润和企业利润，测算了我国初次分配和再分配的要素分配格局，并在此基础上对我国要素收入分配的总需求效应进行了较为详细的分析。我们发现，1992～2011年我国初次分配中利润份额不断上升，利润份额上升主要由企业部门利润增加所致，而同期住户部门利润份额则始终在低位徘徊。住户部门不仅未得到足够的工资回报，其资本回报也处于较低水平，大量国民收入以留存利润的形式进入企业，经济增长带来的好处主要由企业部门获益。住户部门收入份额下降不仅不利于居民分享经济增长带来的好处，也对我国的内部需求产生了负面影响。实证结果表明，1992～2011年期间我国的内需体系是“工资领导型”，我国的劳动者报酬占比不仅远低于多数发达国家和新兴经济体，而且呈下降趋势，劳动报酬份额的上升有助于提升总需求。但将外部需求纳入模型后，我们发现，劳动者报酬份额上升将通过增加劳动力成本进而抑制净出口。因此，从宏观层面提升住户部门收入份额（包括提高劳动者报酬和住户部门的资本回报），对于扩大内需、降低外贸依存度有积极的作用。

收入是流量，而财产（或财富）则是其对应的存量，财产本身也会带来收入，财产性收入也越来越受到政策制定者和经济学者的关注。从某种程度上说，财产多寡比收入多寡更适合用来判断一个人是富人还是贫困者。因此，除了收入分布，全面考察居民的财产分布（或分配）状况是评估某个经济体的经济分配公平程度的重要手段。总体来看，伴随着改革开放的进程，中国的财产分配不平等程度有扩大的趋势。根据皮凯蒂等（Piketty et al.，2019）所估算的数据，1995～2015年，中国最富有的10%人群其财富所占比重从40%上升至65%以上，而中等富裕的40%人群和最底端的50%人群其财富所占比重均出现了趋势性的下滑（见图1－4）。中国目前的财产分布不平等程度已经超过了法国等欧洲发达国家和经济体，直逼美国（见图1－5）。

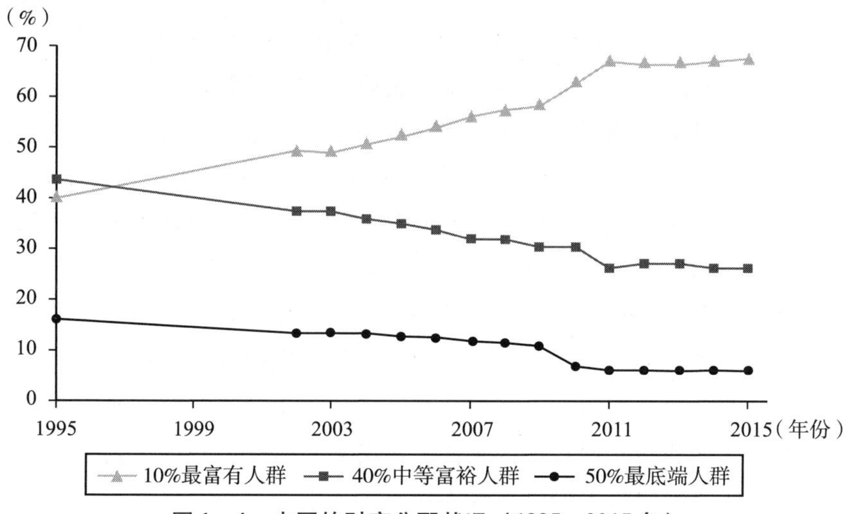

图1－4　中国的财产分配状况（1995～2015年）

资料来源：Piketty, T., L. Yang, and G. Zucman.（2019）"Capital Accumulation, Private Property, and Rising Inequality in China, 1978－2015", American Economic Review, 109（7）：2469－2496.

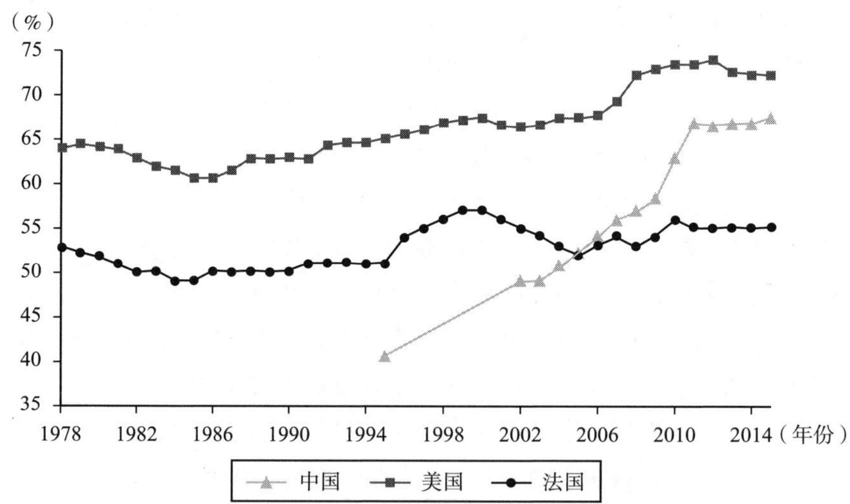

图1－5　前10%高财富者的财产占比：中国与发达国家比较

资料来源：Piketty, T., L. Yang, and G. Zucman.（2019）"Capital Accumulation, Private Property, and Rising Inequality in China, 1978－2015", American Economic Review, 109（7）：2469－2496.

本书基于微观调查数据分别对中国家庭财产水平和财产分布状况进行了深入研究。在本书中，我们提出了一个各种因素影响家庭财产水平的理论框架，将影响家庭财产水平的因素分为四大类：家庭外部环境因素、家庭内部环境因素、户主客观特征以及户主的主观行为特征。在此基础上，我们估算中国城镇居民的财产函数，重点考察了户主的主观行为特征在财产积累过程中的重要作用。我们发现，户主投资参与度与风险偏好度的提高有利于家庭财产水平的增加；与低收入或者经济相对落后地区的家庭相比，对高收入或者经济发达地区的家庭来说，投资参与度与风险偏好度对家庭财产水平的积极影响更显著一些。进一步地，在本书中我们刻画了我国城乡居民财产分布的总体统计特征，并从财产构成出发对我国城乡居民财产分布进行了结构分解。我们还探讨了财产分布不平等的主要原因。我们发现：我国财产分布的不平等程度的确已经比较严重，农村财产分布的基尼系数已经超过城市；金融性资产和房产分布的不平等是净财产分布不平等的主要来源；职业、受教育程度以及党员身份都对居民财产积累有显著影响。

第二节　社会比较与居民幸福感不平等：一个不容忽视的重要视角

除了传统的收入分配和财产分配视角，本书还从居民幸福感不平等的视角来审视社会公平问题，这是本书的一大亮点。如果严重的收入或财产分配不平等问题不会引起低收入或低财产水平居民幸福感的下滑，那么收入和财产分配问题的重要性可能会大幅下降，收入和财产的分布不均可能正如人们相貌的不同一样被认为是多样性的一种表现。但现实并非如此，实际上，收入分配不公会引发社会不稳定的一个重要渠道就是它降低了低收入者的幸福感、扩大了幸福感不平等。因此，从某种意义上讲，居民幸福感不平等是比收入不平等或财产不平等更为重要的问题。

人是社会性动物，社会比较（social comparison）广泛存在，人们会选取不同的参照点来对照自己进行比较。他们会跟自己的邻居比、跟同事比、跟社会平均水平比，甚至有时候跟自己的家人也要比；他们比较自己和他人的收入水平，也比较财产水平以及某些特定商品（如房产、汽车等）的消费。社会比较是由收入和财产分布不平等传导到幸福感不平等的重要渠道。由于先天遗传和后天环境因素的不同，人与人在能力、偏好、行为方式等诸多方面都存在明显差异，加之人类社会不同行业之间的异质性，要求每个人的收入或财产水平几乎完全平等是不可能的。社会上的成熟个体也都基本上认识到了这一点，因此，合理范围内的收入差距并不会引起强烈的幸福感差距，个别极优秀或极具天赋的个体（如比尔·盖茨、姚明）能够获得高收入和高财富，大多数人也不会因过度嫉妒而产生强烈的负效用。但是，如果某些个体通过非法或不合乎社会规范的方式（如腐败、寻租、利用制度漏洞等）获取巨额财富，那么其他个体通过社会比较产生的不幸福感则要强烈得多。

本书通过进行经济学实验、对微观调查数据库进行统计计量分析以及构建理论模型等多种方法，对社会比较和中国居民幸福感不平等及其可能产生的经济后果进行了系统研究。我们在中国人民大学进行的相对收入实验结果表明，在给定绝对收入水平的条件下，个体知道其相对收入状况会影响他们的收入满意度。具体而言，相对收入信息会降低低收入者的收入满意度，增加高收入者的收入满意度，从而会扩大幸福感不平等。相对收入对幸福感不平等的影响主要是通过对不同收入群体之间社会比较的影响而实现的，收入不平等是影响主观幸福感不平等的主要因素之一。给定绝对收入和相对收入状况，有过慈善经历的人对其收入水平会感到更加满意。在高收入群体中，女性比男性具有更高的收入满意度。我们还发现，虽然相对收入显著增加了幸福感不平等，但增加中等收入者的比例可以显著降低幸福感不平等。

2009 年之后，中国由中等偏下收入国家上升为中等偏上收入国家，中国居民的幸福感不平等也随之扩大。本书基于 2003 ~ 2015 年的中国社会综合调查数据，追踪研究了 2009 年前后中国居民幸福感不平等的演变趋势及其影响因素。我们发现，收入差距与中年人口比重的扩大增加了中国居民幸福感不平等，而提升就业率则能够降低幸福感不平等。通过对不同时期的幸福感不平等进行分解分析，我们还发现，2009 年之后中国居民幸福感不平等扩大主要是系数效应带来的，即影响幸福感的因素与幸福感之间的关系发生了显著变化，这在一定程度上与中国快速变化的经济社会环境是一致的。

相对收入和社会比较既然会影响到居民幸福感，那么它们也一定会影响到个体的经济社会行为，如慈善行为、工作努力程度、劳动供给等。就自愿捐款这类慈善行为而言，我们研究发现，有关相对收入的信息会增加个体的绝对捐赠额；相比于低收入者，高收入者捐赠的绝对金额更多，但他们的捐赠额占其收入的比重却比低收入者可能要低。本书的相关研究，既有利于我们更深入地理解社会比较和公平因素在慈善行为中所起的作用，也对相关慈善政策的制定有一定启示意义。就工作激励而言，本书从理论层面研究了居民收入不平等与工作激励、居民幸福感不平等之间的关系。我们得到了以下结论：收入不平等程度的增加，会通过相对收入渠道激励个体提高工作努力程度，进而会导致总产出增加，但也会导致幸福感不平等程度扩大。我们认为，虽然极端的收入不平等会导致严重的经济社会问题，但在适度范围内的收入不均等却是有利于经济社会发展的。就劳动供给而言，本书基于社会比较的理念构建了一个新的劳动供给模型，此模型帮助我们发现了劳动力市场上的两个重要效应：社会一致性的微观效应和社会一致性的宏观效应。当存在这两个效应时，劳动供给曲线与劳动需求曲线密切相关，而不是新古典模型所认为的是相互独立的关系，劳动需求的扩张本身会拉动劳动供给的扩张，产生一种协同效应。我们构建的劳动力市场模型能够用来解释在中国经济高速增长的 21 世纪初农民工实际工资却始终在低处徘徊甚至下降的现象。

经历了改革开放 40 多年的快速发展，中国富豪阶层的数量及其财产规模都达到了惊人的水平。与成熟发达经济体相比，中国富豪阶层的一个显著特点是：不是通过技术、生产方式等的革新而是通过“寻租”等“非创新”形式来快速获取巨额财富的富豪人数众多。我们把这种现象称之为“无创新致富”。本书探讨了“无创新致富”这一现象会对经济效率和居民幸福感产生怎样的影响。我们认为，“无创新致富”通过社会比较等传导渠道对中国居民的幸福感不平等以及中国经济的效率都产生了极大的负面影响。政府应该努力降低“无创新致富”这种负外部性极强的“商品”的“供给”，这是提升经济运行效率、缩小居民幸福感不平等和保障社会和谐的必然要求。

第三节　未来中国需要什么形式的“共同富裕”

社会关注贫富差距、经济学者们研究收入和财产分配，那么在理论上和实践中是否有一种最优的分配状况可以作为政策目标呢？本书的分析告诉我们，在适当范围内的收入和财产不均等似乎是有利于经济社会发展的，过于均等的分配不利于提供工作激励从而有损经济效率，而过于极化的分配则会增大经济危机和社会动荡的风险。那么，在《中华人民共和国宪法》中提到并在未来可能会转化为具体政策指标的“共同富裕”，到底应该与一种什么样的分配状况相对应？

从邓小平对共同富裕的描述中可以看到，他当时所指的“共同富裕”应该是中国大多数人和大多数地区都摆脱了相对贫困、进入到相对富裕的一种状态，更多地强调的是“富裕”。伴随着中国人均收入的增长和消除绝对贫困事业的成功，邓小平意义下的“共同富裕”在不远的将来应该不难实现。但问题是，正如一些高收入国家那样，人均收入已经较高、绝对贫困也基本消除了，但社会的贫富差距在不断扩大，并成为较为严重的经济社会问题。所以，进入高收入社会以后，分配问题依然是要直面的重要问题，对于拥有社会主义核心价值观的中国更是如此，此时的“共同富裕”应该更多地强调“共同”。

所以“共同富裕”的第一层含义，应该是指在人均收入水平较高的条件下实现收入分配和财产分配的适度平等（收入基尼系数和财产基尼系数既不偏高也不偏低，在合理区间范围内）。这里强调“适度平等”而不是“绝对平等”，就是因为：第一，正如上文提到的，个体的异质性必然导致他们对社会的边际贡献不同，因而在市场经济条件下所获得的工资收入也必然不同；第二，个体偏好的差异也是巨大的，如有些个体对金钱和财富的偏好较弱而对闲暇或其他事物的偏好较强，他们不认为自己的收入或财富相对偏低是一件很不幸的事情。这里我们可以看到，如果把收入和财产看成是影响居民幸福程度的重要因素（因此我们才关注其分配问题），那么可获得的闲暇显然也应该要纳入分析框架，其他能够影响居民幸福感的重要因素也应该要被考虑进来。

因此，"共同富裕"的第二层含义，应该是指在人均收入水平较高的条件下实现居民幸福感的适度平等（尤其是幸福感较低的居民所占比重不能偏高）。在不久的将来，中国将基本实现工业化，经济社会发展将进入新的阶段。在大多数人的基本物质生活有保障的前提下，人们对幸福的定义和对成功的追求将越来越多样化，追求幸福感层面较为平等的分布应该成为政府的重要目标，而幸福感层面的平等应该是"共同富裕"的核心含义之一。当然，本书的研究结果表明，幸福感不平等与收入、财产不平等有一定相关性，收入不平等的扩大会导致幸福感不平等的扩大。但是，幸福感不平等并不完全等价于收入和财产不平等，其他因素也会影响到居民幸福感不平等的程度，如根据本书所得到的结论，提高居民的平均受教育水平、促进社会就业、发展慈善事业以让更多居民参与进来，都可有效降低社会的幸福感不平等。在未来较长一段时期内，保持较高速度的经济增长仍然是中国的主要议题，经济效率的重要性依然高于分配公平，因此可以预见，中国的收入及财产分配不平等程度在中短期内难以出现根本性逆转。在这样的形势下，努力采取各种政策措施来降低居民的幸福感不平等对于社会和谐来说就十分必要。

本书对居民幸福感和幸福感不平等的强调，并非是基于狭隘的功利主义视角。功利主义者一般在效用和幸福感可度量及可比较的前提下，强调追求社会效用（或幸福感）总和的最大化，而对幸福感的分布问题并不关心。而且，正如阿马蒂亚·森（2012）所说："对于那些一直遭受剥夺的人们来讲，功利主义者将基于幸福或愿望实现的数学计算作为社会选择的依据是极为不公的，因为我们的思想和愿景会随着环境的变化进行相应的调整，从而使我们更能忍受一些不利的境遇。"也就是说，对于长期处于悲惨境遇的不幸者而言，其主观幸福感并不能准确反映其真实状况。

因此，只关注居民幸福感，而完全忽视收入、财产等其他因素也是有严重缺陷的。本书看待居民幸福感及其不平等，是基于“收入—财产—幸福感”的多维统一视角。无论是经济优势、资源、幸福感，还是生活质量或可行能力，哪一个方面都不能代表平等的全部内涵，因此我们有理由不去采取一些狭隘和单一的平等观（阿马蒂亚·森，2012）。

综上所述，未来中国需要的应该是这样一种“共同富裕”：在人均收入水平较高的条件下，实现收入分配、财产分配以及居民幸福感分布的适度平等。要实现这一目标，政府应该做好三方面的工作。第一，要完善基本分配制度，确保社会初次分配既提供足够的激励，又较为公平合理；第二，要完善个人所得税、转移支付、遗产税等再分配制度，实现对居民收入和财产的有效调节，使居民收入和财产在二次分配后更加公平合理；第三，要基本消除明显的社会不公现象（如腐败、“寻租”等导致的非创新致富），并继续提高居民的平均受教育水平、完善就业和社会保障政策、发展慈善事业等，努力实现居民幸福感层面的平等。

值得一提的是，对“共同富裕”以及平等的理解和看法，是历史的、社会的产物，而不是一成不变的，本书对其的理解只是出于笔者站在当前历史阶段对中国分配问题的研究感悟。怎么定义和去实现“共同富裕”或者公平的社会分配，与某个社会在某一历史阶段对公平正义理念的讨论以及所达成的社会共识密切相关。从这个意义上讲，定义和追求绝对最优的社会分配状态在实践上并没有太大意义。正如阿马蒂亚·森在对罗尔斯的正义理论进行批判时所言，定义和追求绝对正义可能是不现实的，而社会对非正义却往往容易达成共识，先消除这些非正义可能是通往越来越公正社会的可行之举。同样的道理，消除收入分配、财产分配和居民幸福感分布等各个层面明显不公平、不合理的现象，可能是通往一个分配越来越公平社会的可行路径。

第二章　中国城镇家庭的财产水平

【本章摘要】 本章首先提出了一个各种因素影响家庭财产水平的理论框架①。其次通过对奥尔多投资研究中心 2007 年《城市投资者行为调查问卷》数据的处理和实证分析，估算了中国城镇居民的财产函数，重点考察了户主的主观行为特征在财产积累过程中的重要作用。发现户主投资参与度与风险偏好度的提高有利于家庭财产水平的增加；与低收入或者经济相对落后地区的家庭相比，对高收入或者经济发达地区的家庭来说，投资参与度与风险偏好度对家庭财产水平的积极影响更显著一些。最后，针对政府如何促进居民财产水平的提升，本章给出了相关的政策建议。

在中国，收入分配和财产分配问题成为经济学家和普通民众越来越关心的问题。改革开放以来，中国居民的收入水平和财产水平增长很快，与此同时，收入分布与财产分布的不平等程度也越来越严重（赵人伟，2007；Meng，2007）。贫富差距拉大关系到公平正义和社会稳定，无疑是一个重要的社会问题，但它也是一个重要的经济问题。例如，贫富差距的扩大会导致居民平均消费倾向的降低，从而导致有效需求的不足（吴晓明和吴栋，2007），这将直接影响中国的经济增长和经济结构转型。贫与富最有效的度量方式就是财产水平，因此，对影响我国居民财产水平的各种决定因素以及财产分布的不平等程度进行实证分析是非

---

① 本章改写自肖争艳、刘凯：《中国城镇家庭财产水平研究：基于行为的视角》，载于《经济研究》2012 年第 4 期。

常必要的（陈彦斌，2008a；梁运文等，2010）。

首先要考虑的问题是哪些因素最终决定了一个家庭的财产水平。已有的研究多集中于考察当地经济发展水平、户主的家庭特征、户主自身的特征等因素对于家庭财产水平的影响。例如，李实等（2000）利用1995年中国城镇居民收入和财产调查数据对城镇住户的财产函数进行了估计。他们以户财产对数作为被解释变量，选取户人均收入、地区人均GDP、户主文化程度等作为解释变量，利用半对数线性模型对财产函数进行了估计，并重点考察了户主年龄对家庭财产的影响（即财产变化的生命周期效应）和户主人力资本对财产积累的影响。孟昕（Meng，2007）利用1995年、1999年和2002年这三年的调查数据研究了中国城镇居民的财产积累和财产分布，发现高收入家庭财产积累的速度更快，户主是共产党员的家庭财产积累得更多。

已有的研究帮助我们对中国城镇居民的财产分布状况有了一定的认识，并揭示了一些决定家庭财产水平的重要因素，但这些研究有一个缺陷，它们遗漏了一类能对家庭财产水平产生重要影响的因素，即户主的行为和心理因素，也就是户主的主观行为特征。所谓主观行为特征指的就是投资偏好（如热衷于将资产投资在某些固定的项目上）、风险偏好程度、对整个社会所持有的长期而稳定的看法以及与社会的互动等这些行为和心理特征。

造成这种缺陷的主要原因是包含受访者主观行为特征的财产调查数据库非常少。国内已有的财产调查数据库一般不包含诸如户主风险偏好度、社会参与程度以及对社会的信任度等方面的信息。虽然其他一些学科的数据库可能会有这方面的部分信息，但它们又不是基于财产调查的数据库，缺乏家庭的财务信息。而奥尔多投资者行为数据库则克服了这方面的不足。本章使用的数据来自奥尔多投资研究中心2007年的《城市投资者行为调查问卷》。

本章的结构安排如下：第一部分提出了一个各种因素影响家庭财产水平的框架性解释；第二部分说明了利用调查问卷来构建表征各种因素的指标以及处理调查数据的具体方法；第三部分是以估算财产函数为中心的实证分析；第四部分进行了总结并给出了相关政策建议。

第一节　影响家庭财产水平的各种因素

影响家庭财产水平的因素包括家庭外部环境因素、家庭内部环境因素、户主客观特征以及户主的主观行为特征四大类。外部环境因素主要包括当地的经济发展水平等。家庭内部环境因素则包括家庭的人口数、遗产的多寡①，等等。在外部环境和内部环境相差不大的情况下，不同家庭的财产水平的差异主要是由户主的特征引起的。户主的特征又分为客观特征和主观行为特征。客观特征指的就是学者们经常研究的诸如年龄、受教育程度等因素。在外部、内部客观环境以及户主的客观特征等都近乎相同的情况下，户主的主观行为特征就成为影响家庭财产水平的决定因素。

户主的主观行为特征会通过多种渠道对家庭的财产水平产生影响，最主要、最直观的就是通过影响投资来对财产水平产生影响。在主流经济学的分析框架下，投资者的投资行为是由其在各种约束条件下通过效用最大化过程来决定的。不同的投资者，主观行为特征的不同表明了其效用函数或者所受约束条件的不同，因此，他们必然会采取不同的投资策略。在现实生活中，投资策略的不同又必然导致投资结果的差异，而这会进一步影响到家庭的资产与负债水平，从而最终影响家庭的财产水平，影响路径如图 2－1 所示。

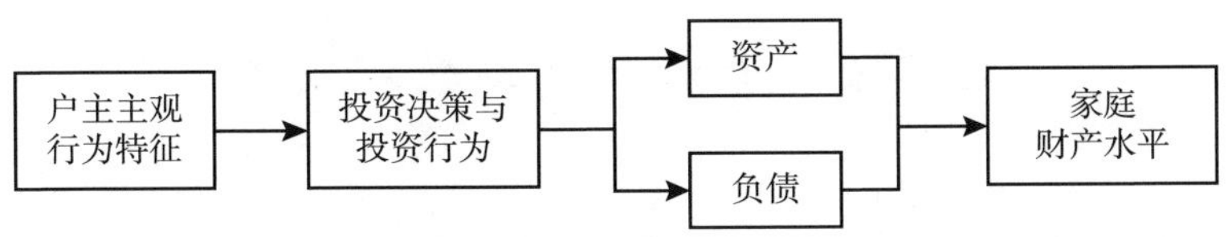

图 2－1　户主主观行为特征通过投资对家庭财产水平影响路径

① 遗赠和财产继承因素是决定一个家庭财产水平的重要因素，但由于某些局限性，现有的中国居民财产调查数据库大多缺乏这方面的信息。

推动现代经济学发展的一个重要的、持久的动力就是人们对于效用函数以及其他影响个体决策因素认识的不断深化。经济学家对于效用函数新的认识直接导致了行为经济学以及行为金融理论的产生与发展（陈彦斌，2006）。很多心理的、社会的、行为的因素也都可以添加到投资者的效用函数或者其投资决策过程中，进而对投资者的行为进行研究。例如，迪弗洛和赛斯（Duflo and Saez，2003）和洪等（Hong et al.，2004）分别研究了社会互动这一因素通过影响个体所获得的信息来对其购买养老金产品以及股票产生影响。圭索等（Guiso et al.，2004）研究了社会信任程度等因素对意大利居民股市参与的影响。另外，李涛（2006a；2006b）则利用中国数据研究了社会互动、信任等因素对投资者股市参与和投资选择的影响。

即使不是在效用最大化的主流框架下解释投资者的行为，如从社会投资参与和投资秩序的形成与演化的角度来理解投资者的行为，投资者的主观心理因素也是决定其投资行为的重要因素（“中国投资者动机和预期调查数据分析”课题组，2002）。当然，户主的主观行为特征对家庭财产水平的影响还有其他路径。例如，户主对待社会态度的不同会导致其对未来的预期不同，而这会造成预防性储蓄和消费水平的不同，进而对家庭的财产积累产生影响。

本章的研究目的是通过引入户主的主观行为特征来全面考察各种因素对家庭财产水平的影响，重点考察主观行为因素的影响。基本的方法是利用计量模型对财产函数进行估计。

第二节　指标构建与数据处理

以影响家庭财产水平的四大类因素为基础，根据 2007 年奥尔多《城市投资者行为调查问卷》相关问题所得来的数据，可以得到以下解释变量体系，如图 2－2 所示。

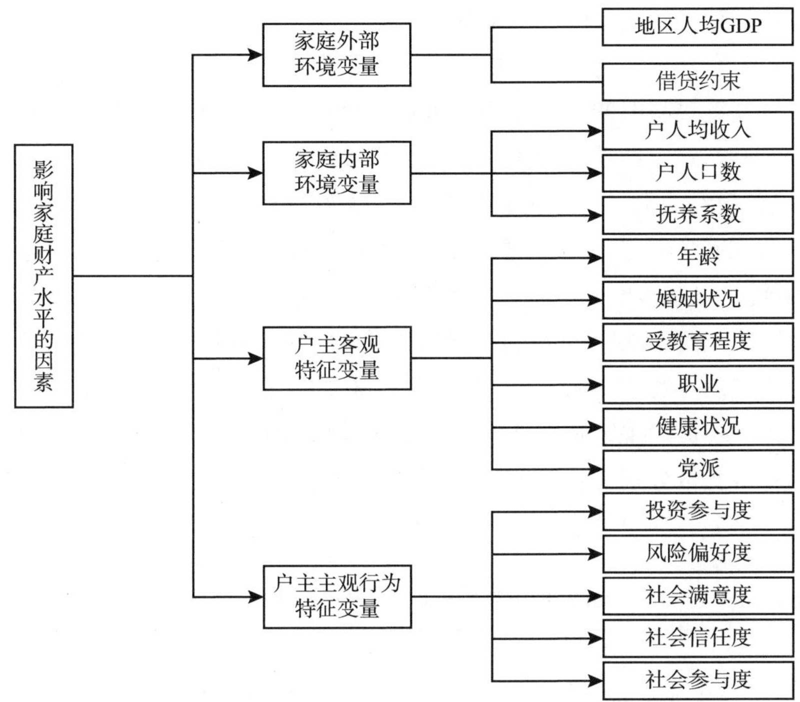

图 2－2　影响家庭财产水平的解释变量体系

被解释变量为财产水平。按照莫里塞特和张（Morissette and Zhang，2006）以及其他一些学者计算居民家庭财产的惯用方法，本章将家庭财产水平定义为总资产减去总债务，其中总资产等于现金、银行存款、股票价值等 18 个分项之和，而总债务等于购房贷款、购车贷款等 10 个分项之和。用公式表示即为（其中 W 为财产，A_i 为第 i 项资产，L_j 为第 j 项负债）：

$$W = \sum_{i=1}^{18} A_i - \sum_{j=1}^{10} L_j \tag{2-1}$$

值得指出的是，现有的对于财产函数的研究经常犯一个技术层面上的错误，就是将财产水平的对数作为被解释变量。虽然这样做能够降低解释变量的波动性、减小极端值对最小二乘回归的干扰，并使回归系数直接表示弹性或者半弹性系数，但这就等于默认了家庭的财产水平不可能为负数或零。而实际上，财产作为资产与负债之差是有可能为负或者为零的。陈彦斌（2008b）就详细考察了财产水平为负的中国城乡家庭的财产分布状况。为了将负财产和零财产家庭考虑进来，有两种处理方法：一是直接将财产水平作为被解释变量；二是对财产水平采取其他的单调转换方式，如反双曲正弦转换（Carroll et al.，2003）。

“借贷约束”这一指标由问题“您认为向别人或金融机构借钱是否困难?”的答案计算得到。这一问题的备选答案有五个：非常困难、比较困难、一般、比较容易、非常容易，分别赋值为1~5，定义“借贷约束”的指标值为该问题的答案所对应的赋值除以5。“抚养系数”定义为非劳动年龄（年龄不满18周岁和60周岁及以上）人口与家庭总人口之比。表征户主客观特征的解释变量全部用虚拟变量组来处理，所选取的省略变量分别为：“40~49岁”“已婚”“小学或初中水平”“公务员”“一般”“共产党”如表2-1所示。

表2-1　　2007年中国城镇居民财产函数估计结果

解释变量	被解释变量：户总财产（万元）				
	系数估计值				
	均值	模型1.1	模型1.2	模型1.3	模型1.4
常数项	—	6.960	7.946	10.560	10.047
家庭外部环境					
地区人均GDP（万元）	2.43	5.486***	5.463***	0.786	1.841
地区人均GDP的平方				0.753	0.579
借贷约束	0.52	16.606**	16.888**	16.753**	16.961**
家庭内部环境					
户人均收入（万元）	2.20	0.386*	0.385*	1.311***	1.282***
户人均收入的平方				-0.011**	-0.011**
户人口数	3.66	-0.427	-0.622	-0.159	-0.317
抚养系数	0.26	-6.098	-5.562	-4.957	-4.696
户主客观特征					
年龄组					
20岁以下	0.01	-15.304	-13.772	-15.267	-13.819

续表

解释变量	被解释变量：户总财产（万元）				
	系数估计值				
	均值	模型 1.1	模型 1.2	模型 1.3	模型 1.4
20～29 岁	0.33	-8.968*	-7.922*	-8.885*	-7.923*
30～39 岁	0.39	0.791	1.114	0.774	1.038
40～49 岁	0.21				
50～59 岁	0.05	16.766**	17.282***	15.932**	16.518**
60 岁及以上	0.01	4.337	4.759	2.588	3.295
婚姻状况					
已婚	0.58				
未婚	0.34	1.499	0.529	1.396	0.513
离异	0.07	-3.190	-2.996	-2.598	-2.488
丧偶	0.01	0.475	0.986	0.785	1.210
受教育程度					
小学水平以下	0.01	6.280	7.162	6.586	6.917
小学或初中水平	0.11				
中专或高中水平	0.21	-2.433	-3.391	-2.705	-3.569
大专或大学本科水平	0.63	3.168	2.712	2.825	2.454
研究生及以上水平	0.04	30.113***	29.925***	29.411***	29.251***
职业					
公务员	0.09				
工程技术、企业管理人员	0.25	-9.687*	-10.000*	-9.811*	-10.047*
工人以及商业、服务业工作人员	0.30	-11.664**	-11.461**	-11.428**	-11.168**
教师及科研人员	0.08	-7.836	-8.103	-8.093	-8.301
下岗、失业人员	0.02	-22.331**	-23.298**	-22.185**	-23.011**
个体户及私营企业主	0.09	-3.858	-4.671	-4.799	-5.469
其他	0.17	-19.042***	-19.362***	-18.785***	-18.996***
健康状况					
非常好	0.29	-0.445	-0.040	-0.013	0.268

续表

解释变量	被解释变量：户总财产（万元）				
	系数估计值				
	均值	模型 1. 1	模型 1. 2	模型 1. 3	模型 1. 4
较好	0. 53	-5. 335	-4. 836	-5. 273	-4. 822
一般	0. 15				
较差	0. 03	-10. 859	-10. 008	-11. 378	-10. 501
非常差	<0. 01	-2. 950	-1. 971	-3. 464	-2. 457
党派					
共产党	0. 16				
民主党派	0. 02	-8. 932	-9. 001	-9. 353	-9. 312
无党派	0. 82	-3. 929	-3. 606	-3. 768	-3. 527
户主主观行为特征					
投资参与度	0. 14	89. 198***	89. 469***	89. 255***	89. 511***
风险偏好度 A	0. 31	0. 625*		0. 630*	
风险偏好度 B	0. 04		15. 211**		13. 951*
社会满意度	0. 62	-13. 404	-14. 171	-13. 536	-14. 064
社会信任度	0. 56	32. 704**	31. 649**	31. 522**	30. 675**
社会参与度	0. 51	-0. 112	-0. 182	-0. 325	-0. 326
调整的可决系数		0. 129	0. 130	0. 133	0. 134
F 统计量		4. 928***	4. 96***	4. 836***	4. 848***
被解释变量的均值	33. 21				
样本量	900				

注：系数估计值空缺的解释变量为虚拟变量组中的省略变量。***、**、*分别表明该系数估计值在 1%、5% 和 10% 的水平下是显著的。

表征户主主观行为特征的解释变量为投资参与度、风险偏好度、社会满意度、社会信任度和社会参与度。“投资参与度”这一指标由“您曾经投资过哪些项目?”和“您目前正在投资哪些项目?”这两个问题的答案导出。受访者在银行存款、外汇、股票等 14 个投资项目中间作出选择，“投资参与度”被定义为曾经投资过和目前正在投资的项目个数之和除以 28，该系数越大，表明投资的渠道越广泛。

“风险偏好度”由“假设让您花钱玩一个游戏。让您在一个装有 100 个球（其中 50 个红球，50 个黑球）的罐子中随意取出一个球。如果它是红球，您可以获得 2 500 元；如果它是黑球，您将一无所得。您最多愿意花多少钱玩这个游戏?”这一问题的答案得到。有两种构建指标的方式。一是直接用受访者的答案（以“元”为单位）除以 1 250，可以称之为“风险偏好度 A”，其值越大，表明受访者越偏好风险。二是构建“风险偏好度 B”：如果答案大于 1 250 元，表明受访者为风险爱好者，则对其赋值为 1；如果答案等于 1 250，表明受访者为风险中性，则对其赋值为 0. 5；如果答案小于 1 250 元，表明受访者为风险厌恶者，则对其赋值为 0。同样，“风险偏好度 B”越大，表明受访者越偏好风险。①

“社会满意度”这一指标由受访者对“上市公司治理”“政府的金融监管”“财经媒体的作用”“社会治安情况”“本地的道路交通”和“本地的环境质量”这 6 项的满意度共同决定，可供选择的答案有 5 种：非常满意、满意、一般、不满意、非常不满意，对这 5 种答案分别赋值为 1 ~5，则“社会满意度”被定义为 6 个答案所对应的赋值之和除以 30，系数越大表明对社会越不满意。

“社会信任度”这一指标由受访者对“社会上的绝大多数人”“上市公司”“政府监管部门”“司法机构”“财经媒体”“金融机构”“其他中介机构（如律师事务所、会计师事务所等）”这 7 项的信任度共同决定，可供选择的答案有 5 种：非常信任、信任、一般、不信任、非常不信任，对这 5 种答案分别赋值为 1 ~5，则“社会信任度”被定义为 7 个答案所对应的赋值之和除以 35，系数越大表明对社会越不信任。②

---

① 还有一种常用的构建风险态度指标的方法：假定受访者的效用函数为 CARA 形式，直接计算得到受访者的绝对风险厌恶系数。我们也试过这种方法，但结果显示每个受访者的绝对风险厌恶系数在数值上非常接近以至于不能明显区别开来。因此，本章没有采用这种方法来构建指标。

② 李涛（2006a）也采用了类似的方法构建居民对社会信任程度的指标。

“社会参与度”由问题“您是否经常参加一些单位、社区组织的一些公共活动?”的答案给出，若答案为“是”则赋值为1，为“否”则赋值为0，它实际上是一个虚拟变量。

在完成指标构建之后，就可以进行数据处理，特别是剔除掉一些无效问卷。如果一些关键问题没有回答而导致被解释变量或者某个解释变量的数值无法确定，则认为该份问卷无效。2007 年调查问卷的样本量为1 355 份，剔除无效问卷以后，得到有效问卷 900 份。

第三节　中国城镇家庭财产水平的实证分析

一、均值分析

表2－1 给出了根据2007 年900 份有效调查问卷数据计算得出的各个变量（包括被解释变量和解释变量）的均值。我们主要考察受访者的主观行为特征。

投资参与度的均值为0. 14，表明在14 个投资项目中，一般的人仅选择了其中的2 个，这个比例是相当低的。考虑到几乎每个家庭都会有“银行存款”这一投资项目，由此可以看到，很多家庭还没有开始将财产广泛地投资到股票、债券、基金、外汇等金融产品。这表明，即使是城市居民，其资本市场参与程度也还是较低的。这一结果与家庭金融领域的最新研究也是一致的。虽然根据传统的资产组合理论（Samuelson，1969；Merton，1969；Merton，1971），家庭应该广泛地投资于各个投资项目，但事实上有限投资参与的现象普遍存在（Vissing－Jorgensen，2002）。针对这一现象，学者们也给出了各种解释，既有市场摩擦、背景风险、非标准偏好等传统理论解释（Gollier，1999），也有社会互动（Duflo and Saez，2003；李涛，2006a；李涛，

2006b）、社会信任[①]（Guiso et al.，2004；Guiso et al.，2005；李涛，2006a）以及投资参与惯性（李涛，2007）等方面的分析。“风险偏好度”这一指标的平均值用A、B两种方法表示分别为0.31和0.04。这表明，平均来说，受访者在面对收益时是厌恶风险的。这与期望效用理论的预测是一致的。受访者社会满意度平均为0.62，差不多是“一般”水平，稍微偏向于“不满意”；而社会信任度平均为0.56，也是接近“一般”的水平，但稍稍偏向于“满意”。社会参与度的均值为0.51，表明有稍微多于一半的受访者经常参加单位或者社区组织的一些公共活动。下面将利用计量方法对财产函数进行估计。

二、回归分析

我们先以财产水平作为被解释变量来构建回归模型。遵循李子奈（2008）所倡导的计量经济学模型总体设定的唯一性和一般性原则，我们将在计量方程中纳入所有可能对被解释变量（财产水平）产生影响的变量，即图2-2解释变量体系中的全部变量。

在进行线性回归之前，有必要对解释变量进行相关性分析。分析表明，除了个别变量之间存在着较强的相关性之外（例如，虚拟变量“20~29岁”与虚拟变量“未婚”之间存在着较强的正相关），大部分解释变量之间的相关性较弱；所有解释变量之间的相关系数都低于共线性存在的门槛值0.7（Lind et al.，2002）。[②] 所以，可以不必考虑共线性的问题。

本章估算了四个模型：两个是完全线性模型，另外两个是带有平方项的半线性模型。

---

① 由此可以看到，社会互动与社会信任度等主观行为因素也是投资参与度的决定因素，即它们会通过对投资参与度产生影响来影响家庭的财产水平。但它们对家庭财产水平的影响渠道可能不止一条，而且在我们的样本中，社会信任度、社会参与度与投资参与度这三者之间的相关系数都非常小，所以把它们平等地考虑为决定家庭财产水平的因素是有意义的。

② 所以，即使有些解释变量可能包含部分相同的信息，如社会满意度和社会信任度，但因为其相关系数低于共线性的门槛值，这表明它们各自的信息含量是有显著区别的，因此将这些解释变量都考虑进来是有意义的。

从解释变量的系数估计值的回归效果来看，完全线性形式的回归方程更为合适。模型 1.1 和模型 1.2 的回归结果都显示：地区人均 GDP 的系数高度显著，并且为正值。这与经验事实是完全符合的。而在含有平方项的模型 1.3 和模型 1.4 的回归结果中，地区人均 GDP 及其平方的系数都是不显著的。因此，本章最终选择的回归方程为：

$$W_i = \alpha + \beta_1 \cdot EE_i + \beta_2 \cdot IE_i + \beta_3 \cdot OC_i + \beta_4 \cdot SBC_i + \varepsilon_i \quad (2-2)$$

其中，W_i 表示财产水平，EE_i，IE_i，OC_i 和 SBC_i 分别表示家庭外部环境因素向量、家庭内部环境因素向量、户主客观特征因素向量和户主主观行为特征因素向量。因为我们主要研究户主的主观行为特征对家庭财产水平的影响，因此可以将向量 $CV_i = (EE_i', IE_i', OC_i')'$ 看成是控制变量向量。关于这些控制变量如地区经济发展水平，户主受教育程度以及党员身份等对家庭财产水平影响的研究文献已经比较多了，因此我们在本章中不再做详细的分析。

采用“风险偏好度 B”为风险态度指标的模型 1.2 的回归结果比模型 1.1 更理想一些。除了“风险偏好度”这一指标本身的系数估计值不一样以外，在模型 1.1 和模型 1.2 的回归结果中，其他显著的系数估计值并没有太大差异。而从调整的可决系数来看，模型 1.2 则更优越一些。下面我们来对完全线性形式的模型 1.2 的回归结果进行具体的分析。

投资参与度的系数为 89.469，在 1% 的显著性水平下显著。其意义是：投资项目增加 1 个，一般来说会使财产水平增加 6.39（89.469 × 1/14）万元。这比当地人均 GDP 增加 1 万元的效果还要好。我们认为：对于投资参与度很低、投资项目很少的户主来说，其财产升值的空间是很有限的，因为他们要么投资于低风险、低收益的项目，因而最终的收益和总财产水平较低；要么投资于单一的高风险、高收益的项目，但会因为风险规避得不够而很可能陷入财产缩水的境地。因此，一般来说，提高投资参与度，一方面能够获得更多的财产增值渠道，有利于财产的升值；另一方面又能够有效规避风险，确保财产增值的稳步进行。坎贝尔（Campbell，2006）就指出，在投资项目上的有限参与以及资产组合的分散度不够有损于投资收益。

“风险偏好度 B”这一指标的系数为 15.211，在 5% 的显著性水平下显著。其意义是：控制其他因素，风险爱好者比风险厌恶者所拥有的财产水平要高出 15.211 万元。在经典的经济学理论框架下，户主对待风险的态度无疑会对其投资计划和投资结果产生影响，进而最终对家庭的财产水平产生影响。在静态模型中，很容易得到这样的结论：绝对风险厌恶系数越大的投资者，其对风险资产的投资会越少。因此，风险爱好者往往会投资更多的资产（包括风险资产），根据上文的分析，投资参与的增加有利于财产积累，所以风险爱好者倾向于拥有更多的资产。对这一现象的另一种解读可以与中国的经济实际相结合。中国 40 多年改革开放的历史，对于个人和家庭来说，是各种机会与机遇不断涌现的历史，是那些敢于冒险、赋有探索精神的个体抓住机遇、迅速发财致富的历史。随着中国改革开放的深入和经济增长的持续，新的机会和机遇还会不断产生。因此，在中国这几十年的大环境下，与发达市场经济国家不同的是，偏爱风险、敢闯敢干的个体所面临的风险相对较低，而预期收益相对较高。在传统文化的影响下，中国人的性格比较内敛，敢于冒险和开拓的精神比较缺乏，在这种情况下，偏爱风险的人更能够发现机会、抓住机会甚至创造机会，并最终实现财产的大幅增值。

事实上，投资参与度、风险偏好度与财产水平是相互影响的。① 投资参与度较高、偏爱风险的户主倾向于积累起更多的财产，之后他们又会增加投资参与的广度（Campbell，2006），并进一步强化对于风险的偏好而进行新的探索，这又将导致财产进一步的增值。②

---

① 理论上讲，投资参与度与风险偏好度似乎也存在着某种联系。但实际上，在总体样本中，它们的相关系数仅为 -0.03，高度不相关。因此我们对于它们影响财产水平的具体机制的不同解释也是很自然的事情。

② 财产水平与投资参与度、风险偏好度的这种互为因果的关系很有可能会导致内生性问题，这是基于调查问卷研究普遍存在的问题。内生性问题会导致参数估计量有偏，一般的解决方法是引入工具变量。检验某些解释变量是否具有内生性问题，如用 Hausman 检验，也都需要相应的工具变量。但由于本章所使用的调查数据库的局限性，投资参与度与风险偏好度的工具变量不能得到，这一点是奥尔多投资者行为数据库在以后的调查问卷完善过程中值得注意的。但正如李涛等（2010）所说，深入研究各种可能的因果关系必须建立在首先识别出相关关系上。本章的贡献就在于讨论了一系列可能影响家庭财产水平的因素的具体效果，包括外生因素的因果关系和可能是内生因素的相关关系。

户主的社会信任度会对家庭的财产水平产生显著的影响。与对社会非常信任的户主相比，对社会非常不信任的户主的财产水平平均要多出25.32(=31.649 ×0.8) 万元。对于这一结果，我们感到有些意外，因为圭索等（Guiso et al. , 2004；2005）和李涛（2006a）的研究表明户主对社会的信任度越高，他参与股市就会越积极，从这一方面来讲户主社会信任度的提高有助于其投资参与度的提高，进而有助于家庭的财产增值。当然，这一结果也印证了我们之前提出来的一种说法，即主观行为因素影响家庭财产水平的渠道可能会有多种。对于这一结果，有两种理解方式。一是仍然从投资方面给出解释：对社会不信任的户主，在具体的投资决策时会谨小慎微，而不是盲目地相信来自社会上其他个人或机构的信息，这有利于制定出理性的投资方案；因此这些家庭的财产更有可能实现稳定的增值。二是从预防性储蓄的角度来解释。对社会越不信任的户主，他们越会觉得未来充满着各种不确定性因素，因为他们会增加预防性储蓄而减少消费，这将有利于财产积累、导致财产水平的增加。

户主的社会满意度和社会参与度对家庭的财产水平没有显著影响。从理论上来说，社会满意度会对户主的投资产生影响。当户主对上市公司治理以及政府的金融监管很满意时，他应该倾向于广泛地投资于金融市场；反之，如果他很不满意，则他在金融市场的参与度则会较低。对社会治安状况以及交通状况的满意度也会影响一些户主的实业投资计划。同样，户主的社会参与度也会对户主的投资行为产生影响。当户主经常参加单位或者社区的一些公共活动，与他人接触的机会较多时，他就会受到别人的投资行为和投资结果的影响，这可以称为伙伴群体效应和示范群体效应（Durlauf，2004）。洪等（Hong et al. , 2004）也以美国的例子说明了社会参与度越高的居民参与股市的概率也越大。社会参与对居民参与股市既有积极的影响，也有消极的影响，因为损失厌恶的存在，股市投资失败者的负面示范效应也是很大的（李涛，2006a）。社会参与度对家庭财产水平的影响除了投资这一渠道之外，还有其他影响路径。例如，社会参与度高、与他人接触广泛、表现积极的个体更容易得到他人和上司的肯定，这有利于他工作的完成、工资的提升、职位的晋升以及其他一些机会和隐性福利的获得，这对其收入水平和家庭财产水平将产生直接的积极影响。因此，户主的一些主观行为因素对家庭财产水平的影响在计量上不显著并不能表示它们对家庭的财产水平没有影响，而是从一个侧面反映出这种影响的复杂性。

与以往的研究相比，本章所采用的财产函数包含了户主的主观行为特征，那么这种变化是否有利于提高模型对家庭财产水平的解释力度呢？因此，有必要考察加入了户主的主观行为特征是否会对计量模型的结果产生显著的正面影响。如果回归方程（2－2）中的户主主观行为特征解释变量不被纳入财产函数，那么我们就会得到以下形式的回归方程：

$$W_i = \alpha + \beta_1 \cdot EE_i + \beta_2 \cdot IE_i + \beta_3 \cdot OC_i + \varepsilon_i \qquad (2-3)$$

回归方程（2－3）是嵌入回归方程（2－2）中的。对回归方程（2－3）进行最小二乘估算，得到的调整可决系数为0.102，小于模型（2－2）的0.130。因此，我们可以初步判断，加入户主主观行为特征解释变量有利于对中国城镇居民家庭财产水平的解释。那么，这种解释力度的提高是否是显著的呢？为此，表2－2列出了嵌入式模型检验结果。

表2－2　比较回归方程（2－2）和方程（2－3）：嵌入式模型检验结果

检验	统计量	自由度	P值
F检验	6.734***	（5，865）	0.000
Wald检验	33.688***	5	0.000
LR检验	34.386***	5	0.000

注：嵌入式模型检验的零假设 H_0 是：方程（2－3）是正确的，或者说，方程（2－2）中户主主观行为特征因素向量 SBC_i 的系数 β_4 为0，备择假设 H_1 为 $\beta_4 \neq 0$。*** 表明在1%的显著性水平下，零假设被拒绝。

因此，我们可以判定：回归方程（2－2）是显著优于方程（2－3）的；户主主观行为特征的引入有利于提高模型对中国城镇居民家庭财产水平的解释力度。

三、敏感性分析

方程（2－2）给出的线性模型的回归结果从总体上来说是令人满意的，户主的一些主观行为因素的确会对家庭的财产水平产生显著的影响。那么，以上得到的结论是否稳健可靠？针对这个问题我们从两个角度进行了敏感性分析。

首先考察的是选择性样本问题。① 本章假定被解释变量——财产水平是在“大于负36万元，小于正475万元”的截断条件下随机抽得的，其次利用截断被解释变量数据模型对方程（2－2）重新进行估算，主观行为特征因素的系数估计值如表2－3所示。从中可以看到，投资参与度、风险偏好度A以及社会信任度的系数仍然都是显著的，数值比原来的稍大；而社会满意度与社会参与度的系数则仍然不显著。

表2－3　　　　敏感性分析：不同模型的回归结果

解释变量	系数估计值					
	选择性样本模型半对数线性模型反双曲正弦转换模型					
	模型3.1	模型3.2	模型3.3	模型3.4	模型3.5	模型3.6
户主主观行为特征						
投资参与度	117.151***	117.075***	2.857***	2.859***	38.081***	38.032***
风险偏好度A	0.756*		0.022*		0.244*	
风险偏好度B		18.079		0.376		2.910
社会满意度	－18.718	－19.704	0.224	0.192	－3.079	－3.259
社会信任度	43.257**	41.797**	0.910*	0.896*	8.401*	8.339*
社会参与度	－0.248	－0.351	－0.004	－0.007	－0.378	－0.402
调整的可决系数	0.141	0.143	0.163	0.162	0.162	0.160

注：系数估计值空缺的解释变量为虚拟变量组中的省略变量。***、**、*分别表明该系数估计值在1%、5%和10%的水平下是显著的。

---

① 假定选择性样本问题存在，那么直接用OLS对模型进行估计，估算出的系数值就会产生偏误。

对方程（2－2）更大的技术上的挑战来自由于易受到被解释变量极端值的影响，这样直接进行回归所得到的残差项无法通过正态分布的检验（Carroll et al.，2003）。因此需要先对被解释变量进行转换，然后再进行估算。常见的转换方法有两种：

一是对数转换，李实等（2000）在估算财产函数时使用的就是这种方法。本章借鉴戴蒙德和豪斯曼（Diamond and Hausman，1984）的方法，以财产水平的常用对数 log(W) 作为被解释变量，这样负财产和零财产的家庭就被剔除掉了，为了避免犯选择性样本的错误，需要加上一个截断条件来进行修正。在全样本 900 个家庭中，负财产和零财产家庭有 43 个，剔除掉它们之后，最低的财产水平为 500 元，因此加上“log(W)＞2”这一截断条件。这样，回归方程即为：

$$\log(W_i)=\alpha+\beta_1\cdot\widetilde{EE}_i+\beta_2\cdot\widetilde{IE}_i+\beta_3\cdot OC_i+\beta_4\cdot SBC_i+\varepsilon_i \quad (2-4)$$ ①

回归结果如表 2－3 所示（我们只列出了主观行为特征变量的回归系数）：投资参与度和社会信任度的系数是显著的；社会满意度与社会参与度的系数不显著；当采用“风险偏好度 A”作为风险偏好度的指标时，其系数也是显著的。

二是反双曲正弦转换（Carroll et al.，2003；Meng，2007），即

$$f(W,\ \theta)=\ln(\theta W+\sqrt{\theta^2W^2+1})/\theta \quad (2-5)$$

其中 θ 为阻尼系数，其选择的标准是使回归残差尽量符合正态分布。这种转换既可以将极端值的影响缩小，又可以将负财产与零财产的情况都包括进来。因此，回归方程就变为：

$$f(W_i,\ \theta)=\alpha+\beta_1\cdot EE_i+\beta_2\cdot IE_i+\beta_3\cdot OC_i+\beta_4\cdot SBC_i+\varepsilon_i \quad (2-6)$$

经过多次尝试，以 Jarque－Bera 统计量最小化为目标，本章找到的最合适的 θ 值为 0.000006。最后的回归结果如表 2－3 所示，表征户主主观行为特征的五个因素的系数估计值的显著性与半对数线性模型的回

① 需要说明的是，在 $\widetilde{EE}_i$、$\widetilde{IE}_i$ 中，地区人均 GDP 以及户人均收入也进行了相应的对数转换，其他变量不变，因此方程（2－4）才称之为半对数线性模型。

归结果完全一样。

这样，本章通过采用截断数据模型和对被解释变量进行转换这两个方式对财产函数重新进行了估算。结果表明，五个主观行为因素的系数估计值的显著性与方程（2－2）的结果是基本一致的。也就是说，回归方程（2－2）所导出的关于主观行为因素的回归结果是稳健的、可靠的。

四、样本细分分析

根据从“一般”到“简单”的原则，可以将模型 1.2 中回归系数不显著的解释变量剔除掉，得到一个简化的线性模型，然后再按照模型 1.2 进行回归，回归结果如表 2－4 所示（我们只列出了主观行为特征变量的回归系数）。

表 2－4　　样本细分后中国城镇居民财产函数估计结果

解释变量	样本细分后的回归系数				
	全样本	高收入子样本	低收入子样本	经济发达地区子样本	经济落后地区子样本
户主主观行为特征					
投资参与度	83.877***	116.672***	53.771**	126.487***	44.889**
风险偏好度 B	15.992**	37.856***	－0.862	34.955***	－4.211
社会信任度	21.165**	28.459**	13.034	24.657*	11.508
调整的可决系数	0.135	0.174	0.089	0.198	0.039
被解释变量的均值	33.21	38.98	28.056	39.472	26.926
样本量	900	425	475	451	449

注：系数估计值空缺的解释变量为虚拟变量组中的省略变量。***、**、* 分别表明该系数估计值在 1%、5% 和 10% 的水平下是显著的。

接下来，我们将以这个简化模型为基础来进行样本细分分析。总体样本的线性回归分析结果表明：投资参与度、风险偏好度以及社会信任度这三个户主的主观行为特征变量会对家庭的财产水平产生显著的影响。但这是针对所有家庭的平均水平来说的，在不同群体的子样本中，这三个主观行为特征变量对财产水平的影响会不会有所差异呢？

可以按两种方法对全样本进行划分：一是以户人均收入水平的中位数为分界点将全样本分为高收入子样本和低收入子样本；二是以地区人均 GDP 的中位数为分界点将全样本分为经济发达地区子样本和经济落后地区子样本。然后针对各个子样本进行回归，这样就可以清楚地看到，主观行为特征变量对于财产水平的影响程度是否受到家庭人均收入水平以及当地经济发展水平的影响。值得注意的是，在全样本中，户人均收入与地区人均 GDP 几乎不相关（相关系数为 -0.026），也就是说：经济发达地区也有收入很低的家庭，经济落后地区也有收入很高的家庭。因此，从户人均收入和地区人均 GDP 两个角度来对全样本进行划分是有意义的。

从表 2 -4 中可以看出：投资参与度、风险偏好度 B 以及社会信任度这三个户主主观行为特征变量对家庭财产水平的影响程度受到户人均收入水平和当地经济发展水平的很大影响。对于低收入或者经济落后地区的家庭来说，风险偏好度以及社会信任度对他们财产水平的影响是不显著的。对于高收入或者经济发达地区的家庭来说，投资参与度、风险偏好度以及社会信任度对他们财产水平的影响是非常显著的，影响方向与全样本回归结果一致，影响的程度要高于全样本回归结果。投资参与度对低收入或者经济落后地区家庭财产水平的影响虽然仍是正面的，并且是显著的，但影响程度远不及对于高收入或者经济发达地区家庭的影响。由此可见，虽然总的来说，提高投资参与度，一方面能够获得更多的财产增值渠道，有利于财产的快速升值；另一方面又能够有效地规避风险，确保财产增值的稳步进行，但是高收入或者经济发达地区家庭所面对的财产增值渠道更广、财产增值的速度也更快；虽然偏爱风险的人投资参与度更广，更能够发现机会、抓住机会甚至创造机会，并最终实现财产的大幅增值，但对于高收入或者经济发达地区的家庭来说，这样的机会更多一些。

第四节 结论与政策建议

本章提出了一个各种因素影响家庭财产水平的理论框架。通过对奥尔多投资研究中心 2007 年《城市投资者行为调查问卷》数据的处理和实证分析，本章估算了中国城镇居民的财产函数，研究了四大类因素对城镇家庭财产水平的影响，重点考察了户主的主观行为特征在财产积累过程中的重要作用。本章的主要发现是：

第一，一般来说，投资参与度越高的家庭，其拥有的财产水平也越高。可能的原因是，投资参与度的提高，一方面能够使家庭财产投资于更广泛的领域，从而有更多的增值机会；另一方面能够有效地规避风险，保证财产增值的稳定性。

第二，在控制其他因素的情况下，户主偏好风险的家庭比户主厌恶风险的家庭的财产水平要高；户主由过度保守、害怕投资失败向敢闯敢拼、勇于抓住机遇的转变，将有利于家庭财产的增值。对此本章的解释是：风险偏好会导致投资参与度增加，对财产积累有积极作用；而且，中国近几十年的快速发展孕育了大量发财致富的机会和机遇，那些偏好风险、赋有冒险精神的个人能把握这些机遇、机会从而实现财产的大幅升值。

第三，与低收入或者经济相对落后地区的家庭相比，对高收入或者经济发达地区的家庭来说，投资参与度与风险偏好度对家庭财产水平的积极影响更显著一些。

因此，户主的主观行为特征因素会对财产的积累产生重要影响，这一发现为以后进一步的研究奠定了基础。可以预见，在近几年内，随着中国经济继续快速增长，中国居民财产分布不平等程度逐渐扩大的趋势将会持续，研究贫富差距问题并设法提出解决或者缓解这一问题的政策建议将会成为越来越迫切的任务。本章为研究贫富差距问题提供了一个新的视角，即从行为的角度来研究家庭财产水平的差距问题。后续的研究可以从以下这些方面展开：深入细致地研究各个行为因素影响居民财产水平的具体路径；完善调查问卷、扩大调查规模以使相关数据更完善、计量结果和因果关系更加可靠。

既然对家庭财产水平决定因素的认识更进了一步，那么对于政府如何促进居民实现财产增值的政策建议也应该有所拓展。本章认为：一方面，政府应该继续采取措施促进经济不发达地区的经济发展，增加用于教育投资的财政支出，改善就业环境、促进就业（尤其是帮助无业、失业人员就业），用这些传统的手段帮助低财产水平家庭积累财产、走向富裕。另一方面，正如李涛（2006a）所指出的："完善的资本市场政策需要大系统观，而不应该只局限于经济视角"，我们认为政府在制定任何经济政策时（包括促进居民财产水平的增加）都应该有大系统观，而不应该仅局限在所谓的经济因素上面。基于本章的发现，政府应该充分考虑到户主的各种主观行为特征对家庭财产水平的具体影响。如果通过进一步的研究能够确证本章所得到的相关关系的确是因果关系，那么政府应该采取措施帮助那些投资参与度较低的家庭去选择更多的投资项目、拓展投资渠道，并鼓励居民勇于抓住致富机遇、勇敢创业。当然，这些意在改变人们主观行为特征的政策应该而且必须与其他政策相配套才能够更好地发挥作用，这些配套政策包括：外部经济环境（包括公共基础设施和融资体系）的完善、给予一定的资金支持等。

第三章　中国城乡居民的财产分布

【本章摘要】本章采用北京奥尔多投资研究中心的调查数据，从三个方面对我国城乡居民财产分布状况进行了详细的实证分析①。本章首先刻画了我国城乡居民财产分布的总体统计特征；其次从财产构成出发，对我国城乡居民财产分布进行了结构分解；最后，本章通过依照个体特征细分样本以及估算财产函数两种方式，探讨了财产分布及其不平等的内在因果关系。我们发现：我国财产分布的不平等程度已经比较严重，特别是农村财产分布的基尼系数已经超过城市；金融性资产和房产分布的不平等是净财产分布不平等的主要来源；职业、受教育程度以及党员身份都对居民财产积累有显著影响。本章详尽的实证研究结果将为进一步的理论研究以及制定缩小贫富差距的政策提供一定的基础。

收入与财产分布的不平等是我国当前经济和社会发展所面临的最重要的问题之一。由于工资和收入的数据相对容易获得，因此关于我国收入分布及其不平等状况的研究较多（李实、赵人伟，1999；周浩、邹薇，2008）。但是我们认为，财产分布的不平等对个人的消费与投资决策以及整个宏观经济的运行有着更加深刻的影响。从微观角度而言，个体在进行消费、储蓄决策时关注的是当前的财产水平以及未来的预期收入，财产存量而非当期收入决定了个体的消费和储蓄计划。从宏观角度而言，财产分布状况是影响国民储蓄和消费结构的重要因素，因而也是

① 本章改写自梁运文、霍震、刘凯：《中国城乡居民财产分布的实证研究》，载于《经济研究》2010 年第 10 期。

影响经济增长方式和国民福利水平的重要因素。因此，本章将对我国城乡居民财产分布的现状进行较为详细的实证分析。

欧美等发达国家很早就通过居民问卷调查的方式估计财产分布的状况，并且已经形成了较为成熟的调查问卷系统，如美国的 SCF 和 PSID 数据（Wolff，1998；Wolff and Gittleman，2004；Diaz - Gimenez et al.，1997）、加拿大的 ADS 和 SFS 数据（Morissette，Zhang and Drolet，2002）、澳大利亚的 HILDA 数据（Heady et al.，2004）、德国的 ICS 数据（Hauser and Stein，2003）、瑞典的 SS 和 HUS 数据（Klevmarken，2003）等。然而我国目前还没有形成长期和标准的财产普查，对于中国财产分布状况仅有的一些研究大都利用了中国社会科学院（以下简称社科院）经济研究所的调查数据。李实等（2000）利用社科院 1995 年的调查数据考察了中国城镇居民财产分布的基本情况并进行了财产函数的估计；孟昕（Meng，2007）利用社科院 1995 年、1999 年以及 2002 年的数据研究了中国城镇居民财产的分布及其决定因素；李实等（2005）对我国 1995 年和 2002 年的财产分布情况进行了对比分析，并从不同角度对财产分布不平等的来源进行了分解；赵人伟（2007）采用 2002 年的数据分析了我国收入与财产分配之间的关系。

尽管上述文献填补了关于我国财产分布研究的空白，并且也得到了许多有意义的结论，但是这些研究还存在一些不足的地方。例如，首先，以往研究所使用的最新数据也在 2002 年，随着我国经济的快速发展，居民财产迅速积累，财产分布的状况已经发生了变化，过去的研究并不能准确反映当前的财产分布情况。采用更新、更为全面的调查数据对我国的财产分布情况进行分析显得十分必要。其次，我们注意到在社科院 1995 年、1999 年和 2002 年调查数据的样本中，财产全部为正，没有负财产或者零财产，这显然不尽合理。

北京奥尔多投资研究中心从 2005 年起对我国城镇和农村居民的财产与收入状况以及投资心理和行为进行了较大规模的入户调查，李涛（2006；2007），陈彦斌（2008a；2008b）以及陈彦斌等（2009）已经利用这些数据进行了一些研究，研究结果表明奥尔多中心的数据质量良好。陈彦斌（2008a）对城乡财产分布进行了对比研究，在十等分组法的基础上初步考察了中国城乡居民的财产分布状况。陈彦斌（2008b）的研究表明，城乡居民中大约有5.5%的家庭为负财产或零财产，对这一部分家庭的研究具有重要的理论意义和政策价值。如果考虑负财产，那么传统的基尼系数等计算方法将不再适用；同时在估计财产函数时，将财产进行简单的对数处理也不再适用。陈彦斌等（2009）通过构建一个动态随机一般均衡模型对中国城镇居民的财产分布进行了拟合与解释，在此过程中他们对中国城镇财产分布进行了简单的描述。但总的来说，关于我国城乡居民财产分布状况的实证研究还不够详细具体，我们有必要进行更为详尽的分析。

本章的研究目标就是：利用奥尔多投资研究中心2005年和2007年的调查数据对我国城乡居民的财产分布状况进行较为详细的实证分析，为以后进一步的理论研究以及制定缩小贫富差距的政策提供一定的基础。考察财产分布，至少可以从以下三方面入手。一是描述、刻画某一群体财产分布的总体状况，即财产分布的总体统计特征。包括绘制财产分布图与洛伦兹曲线，计算基尼系数和变异系数等反映总体不平等程度的指标，利用分位法或者十等分组法等分析总体分布的分位特征，等等。二是从财产的构成出发对财产分布进行结构上的分解与分析，即分析各个分项财产对总财产分布及其不平等程度的影响。三是讨论财产分布及其不平等的内在因果关系，即探讨哪些因素导致了居民财产水平的差异。这又可以从两个层面来进行分析：要么通过将总体样本数据按照居民的个体特征进行拆分，对各个子样本进行统计分析并与总体样本特征进行比对研究；要么估算财产函数，通过计量回归分析来探讨对居民财产水平产生显著影响的个体特征。本章将从以上三个方面来对中国城乡居民的财产分布进行详尽的分析。

本章的结构安排如下：第一节介绍了本章的数据处理与指标选择；第二节讨论了我国城乡居民财产分布的总体统计特征；第三节从财产的构成出发对财产分布的结构进行了分解，着重讨论了金融资产和房地产分布不平等程度与总财产分布不平等的关系；第四节利用统计分析和回归分析，从被访者的年龄、职业、教育程度、健康状况、婚姻状况和政治面貌等方面分析了造成居民财产分布不平等的原因；第五节为结论。

第一节 数据处理与指标选择

本章采用北京奥尔多投资咨询中心 2005 年和 2007 年“投资者行为调查”数据。由于在问卷填写时出现了少填漏填以及非客观填写等问题，为保证问卷的有效性，我们按照陈彦斌（2008a）的方法对问卷进行了剔除。经过剔除，2005 年的城镇有效问卷共 1 449 份，2007 年城镇有效问卷共 1 123 份，2007 年农村有效问卷共 522 份。

按照国际惯例，财产的定义为总资产与总负债之差，即净财产值。资产分为金融性资产、住房估计价值、家庭耐用消费品估值、生产性资产及其他五大类，负债则包括大宗消费品借贷及其他两大类。在对财产进行估计时，本章以家庭而非个人为分析单位，这是因为在组成家庭之后，很难将财产在家庭成员之间作出区分。为了比较不同年份的数据，我们以消费者价格指数作为通货膨胀率的衡量指标，将数据进行了适当处理。

本章的研究重点之一是财产分布不平等程度的度量，采用的度量指标主要有基尼系数、变异系数以及扭曲系数。相关定义以及用来处理负财产调整后的基尼系数的计算方法，参见陈彦斌等（2009）。我们还将考察财产分布的洛伦兹曲线、核密度分布图、累计密度函数图、频率分布直方图等。此外，为了考察分项财产对财产分布的影响，我们将计算分项财产对不平等的贡献率，计算方法与李实等（2005）一致。

本章的另一个重点是研究个体特征对居民财产水平的影响。根据调查问卷的选项，本章将讨论年龄、职业、教育程度、健康状况、婚姻状况和政治面貌六类个人特征，这些特征是关于财产分布的已有文献所经常涉及的。具体而言，年龄分为小于 20 岁、20 ~ 29 岁、30 ~ 39 岁、40 ~ 49 岁、50 ~ 59 岁及 60 岁以上组。城镇职业状况分为七大类，分别是：职业 1（公务员）；职业 2（工程技术人员及企业管理人员）；职业 3（工人及服务业工作人员）；职业 4（教师及科研人员）；职业 5（下岗或失业）；职业 6（个体户及私营企业主）；职业 7（其他，包括离退休人员、军人、自由职业者、学生、家务劳动者、丧失劳动能力者）。农村职业状况也分为七类：职业1（工作或就业，不包括在本地或外地打工）；职业2（从事家庭农业活动）；职业3（从事其他家庭经营活动）；职业4（在本地打工）；职业5（在外地打工）；职业6（下岗或失业）；职业7（离退休人员、学生、家务劳动者、丧失劳动能力者、其他）。教育程度分为五类：未上过学和扫盲班、小学和初中、高中和中专、大专和本科、研究生及以上。健康状况分为五类：非常好、较好、一般、较差、非常差。婚姻状况分为四类：已婚、未婚、离异、丧偶。政治面貌分为党员、民主党派和无党派三类。

第二节　财产分布的总体统计特征

一、收入分布的统计特征

尽管本章主要研究的是财产分布，但由于以下两个原因，我们先介绍收入分布的情况：一是收入是流量，财产是存量，收入是影响财产的重要因素；二是正如前文所提到的，目前关于中国收入分布及其不平等状况的研究较多，为了充分了解财产分布的特点，有必要将其与收入分布进行比较研究。表3-1显示，城镇居民收入分布的基尼系数从2005年的0.45上升至2007年的0.57，增长幅度达26.67%；同时，扭曲系数和变异系数也分别从1.51和1.53上升至1.91和2.87。这说明城镇居民的收入分布差距扩大的趋势已经十分明显，其原因主要在于收入分布顶端的家庭收入增加迅速，而财产分布底端的家庭则更加贫困。从表3-2可以看出，2007年城镇收入最高的1%家庭占全部收入的比例达23.53%，而2005年为12.43%，上升了将近1倍。2007年城镇收入最高10%的家庭占全部收入的比例高达50%，比2005年增长了约14个百分点。反观低收入家庭，2007年城镇收入最低的10%的家庭占全部收入的比例仅为1.28%，这一比例相对于2005年下降了将近40%。

在2005年，收入最高10%家庭与收入最低10%家庭的均值之比为17.52∶1，到2007年，这一比值上升到39.04∶1。从表3－3十等分组法也可以看出除了收入最高的第10组之外，2005年城镇家庭收入各组占总收入的比例都比2007年要高，进一步证明了收入差距两极化，特别是高收入家庭收入的快速增长的趋势。

表3－1　　中国城乡居民家庭收入分布的统计特征

年份	指标	基尼系数	均值（元）	中位数（元）	扭曲系数	变异系数
2005	城镇家庭收入	0.45	4 524.70	3 000.00	1.51	1.53
2007	城镇家庭收入	0.57	5 743.60	3 008.37	1.91	2.87
2007	农村家庭收入	0.45	1 297.15	861.77	1.51	0.90

表3－2　　中国城乡居民家庭收入分布的分位特征

分类	2005年城镇家庭收入			2007年城镇家庭收入			2007年农村家庭收入		
	均值（元）	中位数（元）	百分比（%）	均值（元）	中位数（元）	百分比（%）	均值（元）	中位数（元）	百分比（%）
底端1%	350	340	0.08	245	282	0.04	41	47	0.03
底端5%	745	800	0.82	550	564	0.48	78	78	0.30
底端10%	936	1 000	2.07	733	752	1.28	125	157	0.97
顶端1%	57 107	40 250	12.43	135 889	112 814	23.53	6 737	6 267	5.14
顶端5%	23 586	15 000	26.03	48 322	28 203	41.84	4 701	3 917	17.94
顶端10%	16 395	10 000	36.18	28 617	11 281	50.00	3 968	3 917	30.89

表3－3　　中国城乡居民家庭收入分布的十等分组

分组	2005年城镇家庭收入			2007年城镇家庭收入			2007年农村家庭收入		
	均值（元）	中位数（元）	百分比（%）	均值（元）	中位数（元）	百分比（%）	均值（元）	中位数（元）	百分比（%）
1	936	1 000	2.07	733	752	1.28	125	157	0.97
2	1 539	1 500	3.40	1 321	1 410	2.31	311	313	2.42

续表

分组	2005年城镇家庭收入			2007年城镇家庭收入			2007年农村家庭收入		
	均值（元）	中位数（元）	百分比（%）	均值（元）	中位数（元）	百分比（%）	均值（元）	中位数（元）	百分比（%）
3	1 975	2 000	4.36	1 884	1 880	3.29	466	470	3.63
4	2 386	2 431	5.27	2 475	2 444	4.32	710	705	5.53
5	2 951	3 000	6.51	2 850	2 820	4.98	788	783	6.14
6	3 319	3 300	7.32	3 541	3 666	6.19	1 109	1 175	8.63
7	4 088	4 000	9.02	4 416	4 701	7.72	1 469	1 567	11.44
8	5 011	5 000	11.06	5 060	4 701	8.84	1 776	1 880	13.83
9	6 597	6 300	14.56	6 616	6 581	11.56	2 396	2 350	18.66
10	16 279	10 000	36.43	29 394	11 281	49.51	4 096	3 917	28.76

从图3－1的洛伦兹曲线来看，2007年与2005年的洛伦兹曲线没有交点，在每一个百分位上2007年的洛伦兹曲线都比2005年要低，说明2007年收入分布的不平等程度更高。核密度函数图也表明，2007年低收入家庭比2005年左移，高收入家庭右移。图3－1和图3－2的累计密度函数图与核密度函数图说明了相同的问题。

2007年城镇与农村的收入分布相比，城镇的不平等程度更高。从总量指标来看，农村收入分布的基尼系数、扭曲系数和变异系数分别为0.45、1.51和0.9，都低于城镇的相应指标。从表3－2可以看出，农村家庭和城市收入最低的1%、5%和10%的家庭其收入份额大致相同，但是在收入分布顶端，农村家庭的份额远远小于城市家庭。从十等分组法的结果也可以看出，相对于城市，农村的收入分布较为集中，除了第1组和第10组，农村家庭每组的收入份额都高于相应城市家庭的份额。从收入的绝对值来看，城镇居民的收入远高于农村，其收入均值大约为农村的4.5倍。

从洛伦兹曲线来看，在收入分布底端，城镇与农村的洛伦兹曲线基本重合，这与十等分组法显示的结果一致。在30%的百分位之后，城镇

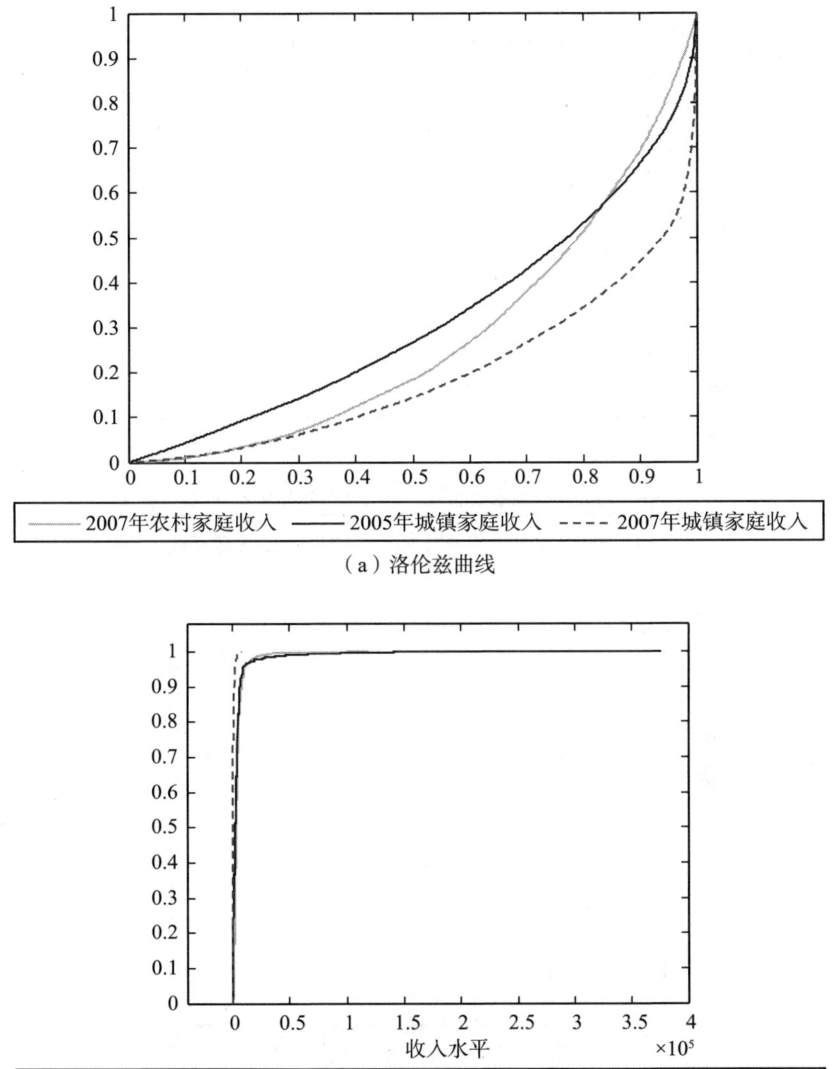

图3-1　中国城乡居民家庭收入分布的洛伦兹曲线和累计密度函数

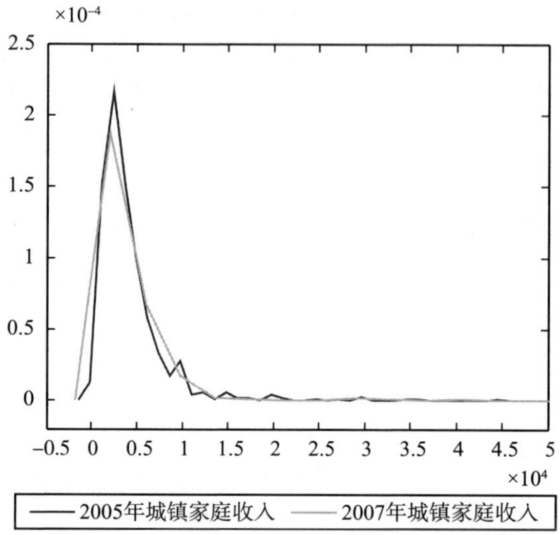

（a）2005年和2007年城镇家庭收入分布的核密度函数

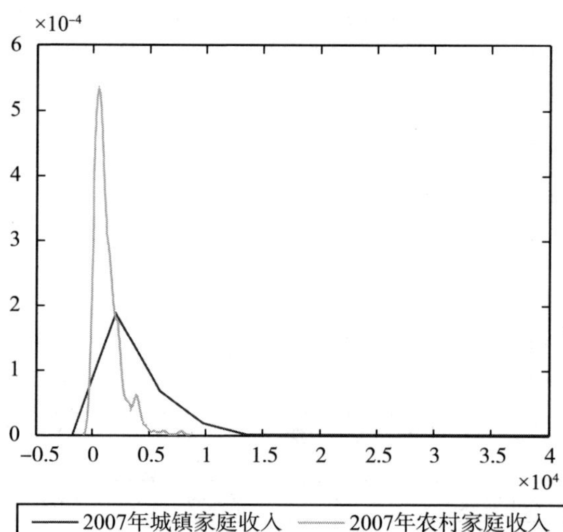

（b）2007年城镇和农村家庭收入分布的核密度函数

图 3－2　中国城乡居民家庭收入分布的核密度函数

洛伦兹曲线开始低于农村的洛伦兹曲线，并且差距越来越大，说明收入分布顶端的城镇家庭其收入占总样本的份额过高。从累计密度函数图来看，城镇家庭的收入普遍高于农村家庭，而农村家庭的收入分布更为集中。从核密度分布图来看，二者的分布图形差异很大，城镇家庭的收入比农村家庭更为分散，并且高收入家庭的收入更高。

二、财产分布的统计特征

陈彦斌等（2009）已经考察了2005年和2007年中国城镇居民财产分布的总体状况，但他们并没有同时考察农村居民的财产分布状况。所以，我们在进行详细考察城乡居民财产分布状况的时候，将以城乡的比较分析为主。

与收入分布相比，家庭的财产分布具有更强的异质性。影响收入分布的各种因素都会影响财产的分布，同时，家庭的财产持有量又受到长辈遗赠、资产价格波动、自然灾害等多种因素影响。此外，由于财产可能为负，这又提高了财产分布的分散程度。因此，通常来讲财产分布比收入分布的不平等程度更高。从表3－4可以看出，无论是城镇还是农村，财产分布的基尼系数都要大于相应收入分布的基尼系数。应当注意的是，收入分布的不平等程度并不能代表财产分布的不平等程度，2005年和2007年城镇的收入分布基尼系数相差很大，但是财产分布的基尼系数非常接近；2007年城镇的收入分布基尼系数高于农村，但是农村的财产分布基尼系数高于城镇。这种差异性也是我们专门研究财产分布的意义所在。在我们的样本中，2005年城镇家庭负财产所占比例最低，为2.22%，而2007年城镇和农村的负财产比例则分别达5.43%和5.56%。这一比例证明了在财产分布的研究中，不能简单地忽视负财产的存在或者将其处理为零财产。

表 3-4　　中国城乡居民财产分布的统计特征

年份	指标	基尼系数	均值（元）	中位数（元）	扭曲系数	变异系数	负财产比例（%）
2005	城镇财产	0.56	336 094	215 000	1.56	1.29	2.22
2007	城镇财产	0.58	295 679	188 023	1.57	1.29	5.43
2007	农村财产	0.62	59 061	32 293	1.83	1.65	5.56

2007 年城镇家庭与 2005 年城镇家庭相比，财产分布的不平等程度基本相同；2007 年城镇与 2007 年农村相比，农村的财产分布不平等程度明显更为严重，其基尼系数达到 0.62，变异系数和扭曲系数分别为 1.65 和 1.83，都高于城市的相应指数。从表 3-5 可以看出，城镇和农村在财产分布的底端的 1%、5% 和 10% 的家庭所占总财产的份额比较接近，而在财产分布顶端 1%、5% 和 10% 的农村家庭占总财产的份额都要超过城镇家庭，最高的 1% 农村家庭财产份额超过 10%，最高的 10% 农村家庭财产份额超过了 40%，这是农村财产分布基尼系数高于城镇的原因。表 3-6 给出了城乡居民财产分布的十等分组结果，从中可以得到类似结论。

表 3-5　　中国城乡居民财产分布的分位特征

分类	2005 年城镇家庭财产			2007 年城镇家庭财产			2007 年农村家庭财产		
	均值（元）	中位数（元）	百分比（%）	均值（元）	中位数（元）	百分比（%）	均值（元）	中位数（元）	百分比（%）
底端 1%	-170 803	-150 000	-0.49	-253 214	-220 457	-0.84	-42 510	-43 518	-0.69
底端 5%	-42 087	175	-0.62	-94 122	-51 236	-1.59	-17 842	-14 266	-1.50
底端 10%	-15 374	3 000	-0.46	-45 243	-7 991	-1.53	-8 470	-1 030	-1.43
顶端 1%	3 000 129	2 700 000	8.62	2 638 561	2 350 287	8.74	726 186	637 590	11.78
顶端 5%	1 750 454	1 531 000	25.88	1 383 029	1 081 367	23.32	352 697	283 022	29.74
顶端 10%	1 316 825	1 040 500	39.21	1 095 917	901 344	36.97	258 888	193 382	43.67

表 3-6　　中国城乡居民财产分布的十等分组

分组	2005 年城镇家庭财产（%）			2007 年城镇家庭财产（%）			2007 年农村家庭财产（%）		
	均值（元）	中位数（元）	百分比	均值（元）	中位数（元）	百分比	均值（元）	中位数（元）	百分比
1	-15 374	3 000	-0.46	-45 243	-7 991	-1.53	-8 470	-1 030	-1.43
2	44 922	46 800	1.34	24 410	24 678	0.82	5 789	5 500	0.98
3	91 549	92 000	2.73	60 349	57 864	2.04	12 487	12 221	2.11
4	134 587	133 800	4.01	99 113	97 772	3.34	20 078	19 836	3.39
5	186 220	184 000	5.54	150 249	144 731	5.07	28 606	28 721	4.82
6	242 835	241 500	7.23	223 316	225 157	7.53	36 939	37 379	6.23
7	326 273	326 600	9.71	317 702	320 579	10.72	50 231	48 886	8.47
8	432 689	432 000	12.88	425 474	427 799	14.35	71 775	69 662	12.11
9	603 298	599 000	17.96	594 010	592 272	20.04	111 105	105 998	18.74
10	1 320 732	1 040 750	39.05	1 086 234	893 109	37.62	254 556	192 582	44.59

2007 年农村财产分布的洛伦兹曲线明显在城镇洛伦兹曲线的下方，表明其财产分布的不平等程度比城镇更为严重。2007 年城镇和农村居民财产的均值分别为 295 679 元和 59 061 元（见表 3-4），城镇居民财产均值约为农村的 5 倍，这使从累计密度函数图和核密度函数来比较二者的分布情况较为困难（见图 3-3 和图 3-4）。但是，如果我们比较二者的频率直方分布，可以发现，农村的财产分布更为分散。

与其他国家相比，我国财产分布不平等程度仍低于一些发达国家。美国是财产分布不平等最严重的国家之一，其基尼系数达 0.78。其他一些主要发达国家的基尼系数也在 0.5 以上（Cagetti and De Nardi，2006）。

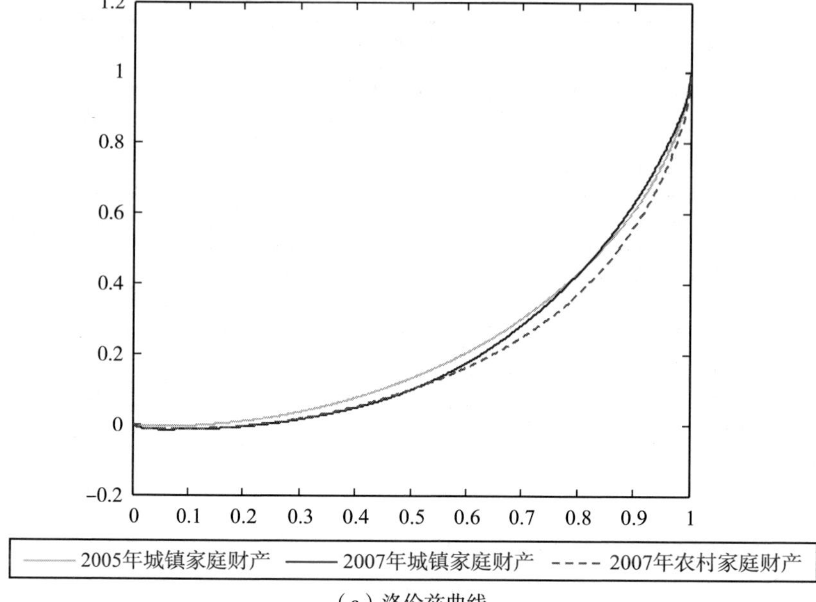

（a）洛伦兹曲线

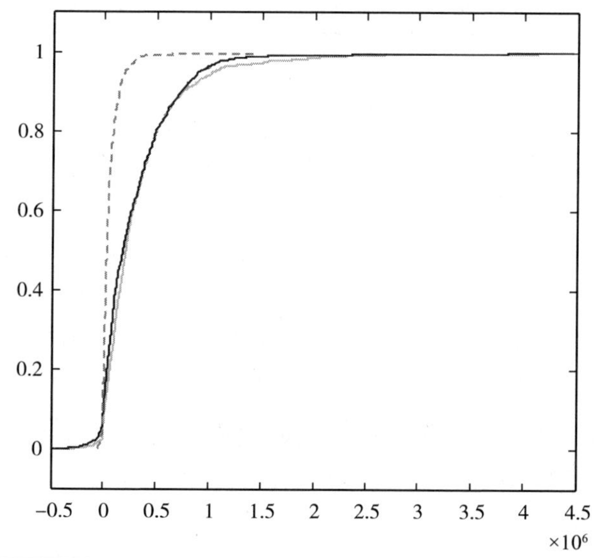

2005年城镇家庭财产　2007年城镇家庭财产　2007年农村家庭财产

（b）累计密度函数曲线

图 3－3　中国城乡居民财产分布的洛伦兹曲线和累计密度函数

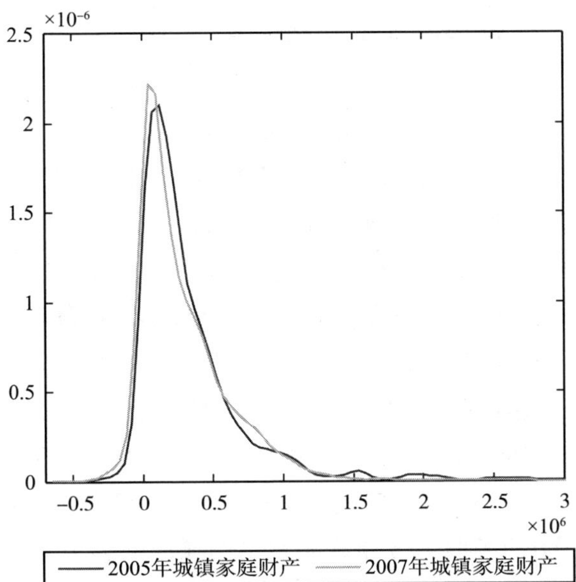

（a）2005年和2007年城镇家庭财产分布的核密度函数

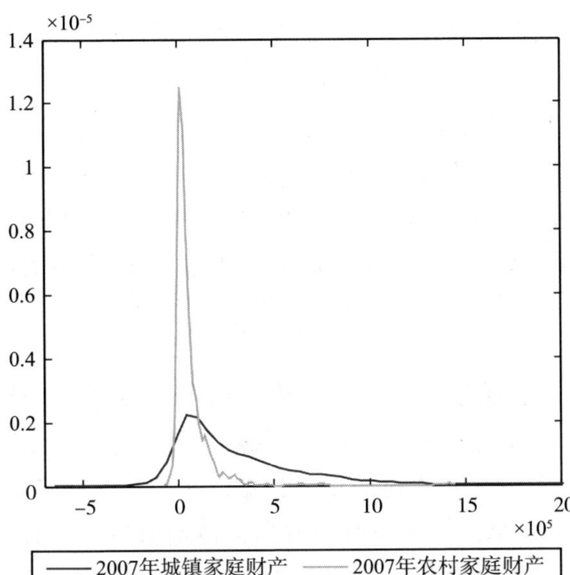

（b）2007年城镇和农村家庭财产分布的核密度函数

图3－4　中国城乡居民财产分布的核密度函数

三、收入分布与财产分布的关系

从截面数据来看，高收入家庭倾向于拥有较多财产。这是因为一方面财产通过收入积累得到，高收入更容易积累财产；另一方面，个体一生中收入最高的阶段通常在 40 ~ 60 岁，而这一时期也往往是财产积累的最高峰。但是我们也需要注意到收入与财产也可能发生背离。例如，某些家庭因为家庭成员罹患疾病需要支付高额的医疗费用，这时尽管家庭收入较高，但是财产持有量可能偏低。为了分析收入分布与财产分布的关系，我们遵循孟昕（2007）的方法，将家庭财产按照家庭收入排序，作图时纵坐标为在收入分布的各个百分位上对应的财产均值。从图 3 – 5 中可以看出，无论是在城镇还是农村，无论是在 2005 年还是在 2007 年，财产分布与收入分布都表现出明显的正相关关系，随着收入的提高，财产均值也相应增加。同时我们可以看到，收入与财产水平并不是简单的线性关系，随着收入水平的提高，财产增加的速度越来越快。这一结果与孟昕（2007）的研究一致，它反映了高收入水平家庭的储蓄率高于低收入水平家庭的储蓄率。

以上的分析从截面数据的角度考察了收入分布与财产分布的关系，为了考察收入分布与财产分布的动态变化，我们利用增长发生曲线（growth incidence curve，GIC）曲线（Ravallion and Chen，2001；Luo and Zhu，2008）研究收入和财产的增长情况。GIC 曲线的定义如下：

$$f(x) = \frac{y_{2007}(x)}{y_{2005}(x)} - 1 \tag{3-1}$$

其中，x 为第 x 个百分位，$y(x)$ 为第 x 个百分位上的财产或收入值。通过 GIC 曲线，我们可以判断在收入或财产分布的各个百分位上的增长情况。由于没有 2005 年农村的相关数据，我们只能研究城镇的收入和财产增长情况。从图 3 – 5 中可以看出，在均值以下，收入为负增长，这说明低收入家庭的经济情况恶化；50% ~90% 的区间，收入基本保持不变；而收入最高的 10% 的家庭其收入迅速增长。这与我们在收入分布基本情况中所得到的结果一致，同时进一步说明 2007 年收入分布不

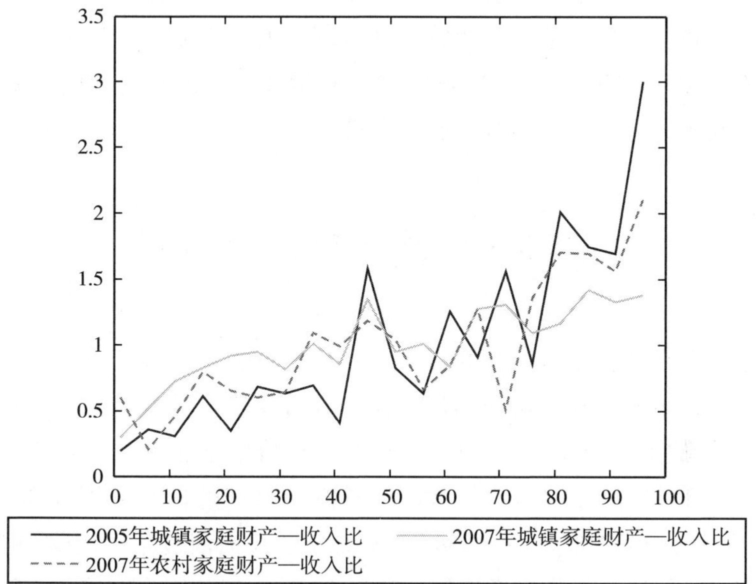

（a）城乡居民财产—收入曲线

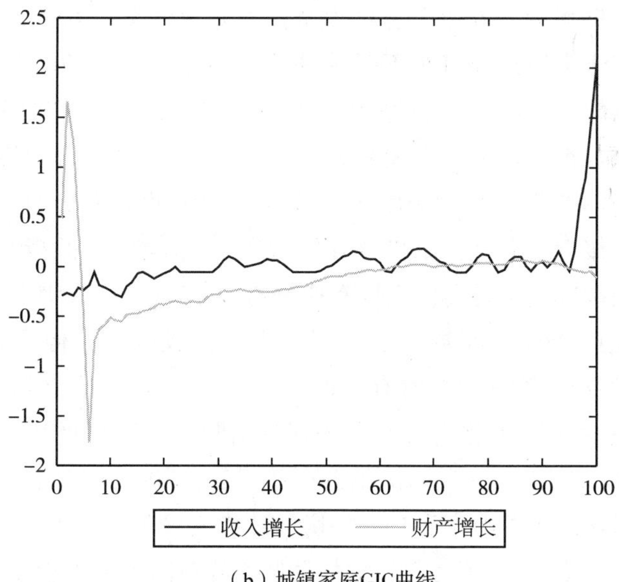

（b）城镇家庭GIC曲线

图3－5　中国城乡居民财产—收入曲线以及GIC曲线

平等加剧的原因主要在于分布的两极化趋势。在财产收入的底端，增长情况波动很大，这可能是由于样本数量不够大，出现了一些极端值。整体来看，2007 年较 2005 年财产值并没有增长，反而有轻微的下降，这也与前文十等分组法观察到的结果一致。

第三节　财产分布的结构分解

第三节从整体上分析了我国城乡财产分布的基本情况，本节则从家庭财产结构的角度更加细致地研究财产分布及其不平等状况。在城镇家庭财产分布中，金融类资产和自有住房估计价值是居民资产的主要组成部分。表 3 -7 显示，2005 年这两种资产占财产的份额分别为 30. 65% 和 71. 34%，2007 年为 44. 94% 和 53. 41%。大宗消费品（住房和汽车）的借贷则是居民负债的主要来源，2005 和 2007 年分别占财产的 -8. 59% 和 -12. 82%。这几项分项资产分布的不平等程度直接决定了居民财产分布的不平等程度。其中，金融类资产对不平等程度的贡献率大约为 30%，自有住房估计价值对不平等的贡献率则达到了 60% 左右，这两项资产可以解释大约 90% 的总财产不平等程度；而大宗消费品借贷对净资产不平等程度的贡献率大约为 -2%，反映了这一分项资产降低了财产分布的不平等程度。2005 年财产分布两端的家庭金融类资产的持有比例十分接近，但是在 2007 年顶端家庭金融类资产的持有比例出现了下降，底端家庭金融类资产持有比例有所上升。在 2005 年自有住房估计价值是财产分布底端家庭财产的主要构成因素，但是在 2007 年财产分布底端的家庭基本没有房产。与之相对应的是 2007 年财产分布底端家庭由于购买住宅或汽车进行的借贷在负债中的比例有了显著上升。图 3 -6 至图 3 -8 的洛伦兹曲线显示，2005 年金融类资产的不平等程度明显高于总财产和自有住房估计价值分布的不平等程度，其基尼系数达 0. 67；2007 年自有住房估计价值分布的不平等程度明显加剧，基尼系数达 0. 72，这是 2007 年财产分布不平等程度提高的主要原因。

表 3－7　中国城乡居民财产分布的结构分解

分类	指标	份额（%）	均值（元）	基尼系数	集中率（%）	贡献率（%）	底端 5%（%）	底端 10%（%）	顶端 5%（%）	顶端 10%（%）
2005 年城镇资产	金融类资产	30. 65	103 025	0. 67	51. 43	28. 39	35. 02	30. 50	34. 34	33. 48
	自有住房估计价值	71. 34	239 773	0. 58	51. 48	66. 13	134. 73	125. 78	54. 93	58. 38
	生产性资产	3. 46	11 617	0. 97	74. 78	4. 65	5. 43	3. 95	10. 65	6. 71
	其他	4. 16	13 991	0. 84	53. 45	4. 01	10. 54	7. 71	4. 26	3. 34
2005 年城镇负债	大宗消费品	－8. 59	－28 875	0. 91	17. 10	－2. 65	－79. 92	－64. 54	0	0
	其他	－1. 07	－3 586	0. 98	22. 04	－0. 42	－6. 20	－3. 78	－4. 19	－1. 92
2007 年城镇资产	金融类资产	44. 94	132 892	0. 58	37. 96	29. 42	43. 68	60. 07	26. 44	28. 84
	自有住房估计价值	53. 41	157 908	0. 72	61. 93	57. 04	0	0. 02	53. 61	57. 71
	家庭耐用消费品	2. 68	7 931	0. 95	63. 45	2. 93	1. 64	1. 80	4. 75	3. 92
	生产性资产	5. 85	17 300	0. 97	79. 59	8. 03	1. 47	1. 67	16. 46	11. 45
	其他	7. 12	21 051	0. 85	48. 80	5. 99	5. 16	5. 86	6. 48	6. 49
2007 年城镇负债	大宗消费品	－12. 82	－37 914	0. 85	9. 31	－2. 06	－129. 31	－145. 55	－3. 61	－5. 81
	其他	－1. 31	－3 870	0. 98	5. 89	－0. 13	－23. 37	－24. 67	－1. 68	－1. 24

续表

分类	指标	份额（%）	均值（元）	基尼系数	集中率（%）	贡献率（%）	底端 5%（%）	底端 10%（%）	顶端 5%（%）	顶端 10%（%）
2007 年农村资产	金融类资产	27.65	16 459	0.72	53.92	24.29	17.88	25.60	26.96	24.87
	自有住房估计价值	61.29	36 486	0.62	53.10	53.02	63.40	67.67	50.10	51.52
	家庭耐用消费品	4.48	2 664	0.77	50.62	3.69	3.59	4.33	3.46	4.37
	生产性资产	13.07	7 779	0.88	67.16	14.30	12.90	16.75	19.72	18.05
	其他	4.27	2 543	0.89	69.95	4.87	2.12	3.15	4.67	5.76
2007 年农村负债	大宗消费品	-5.43	-3 234	0.92	-4.02	0.36	-112.85	-121.13	-3.09	-2.83
	其他	-5.32	-3 165	0.92	0.71	-0.06	-87.05	-96.37	-1.82	-1.74

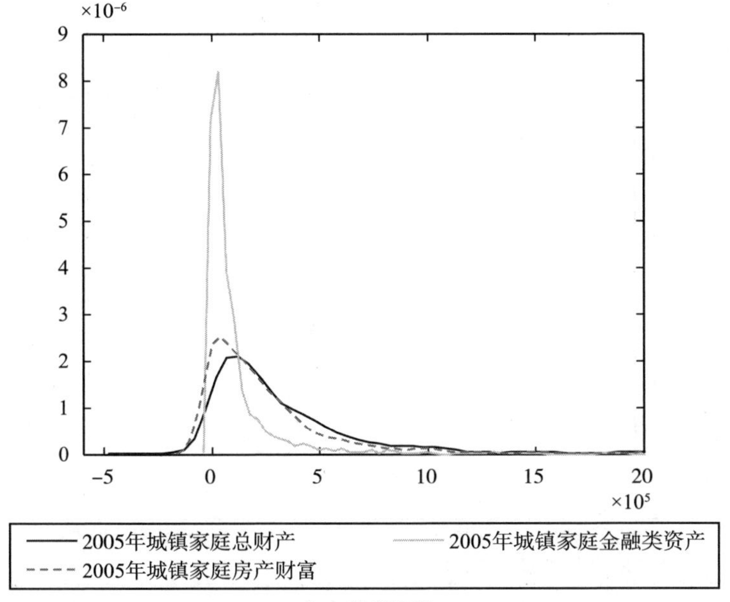

（a）核密度图

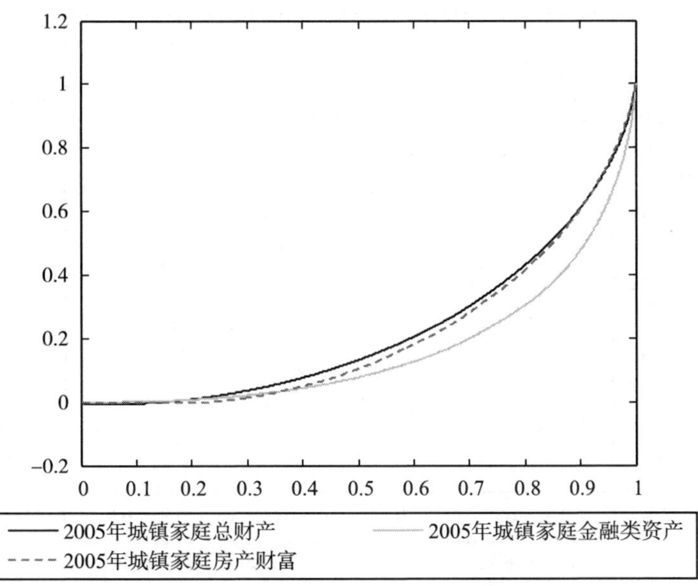

（b）洛伦兹曲线

图 3 – 6　2005 年城镇居民金融类资产以及房产分布的核密度图和洛伦兹曲线

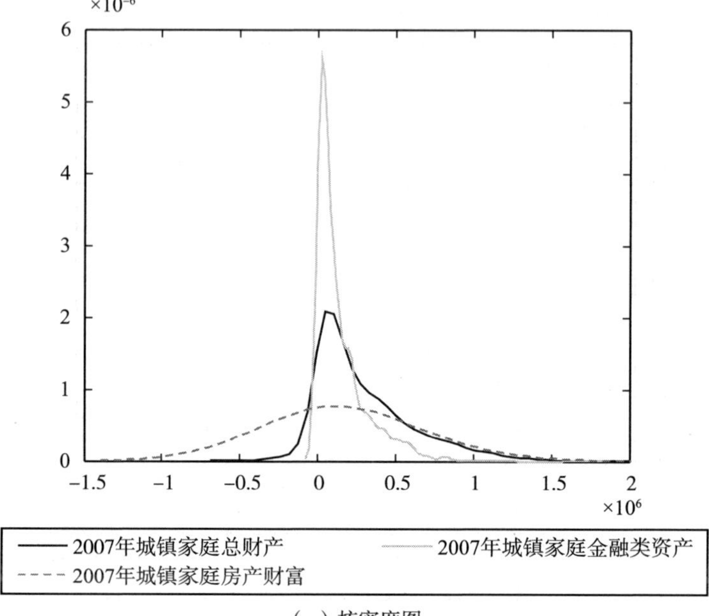

（a）核密度图

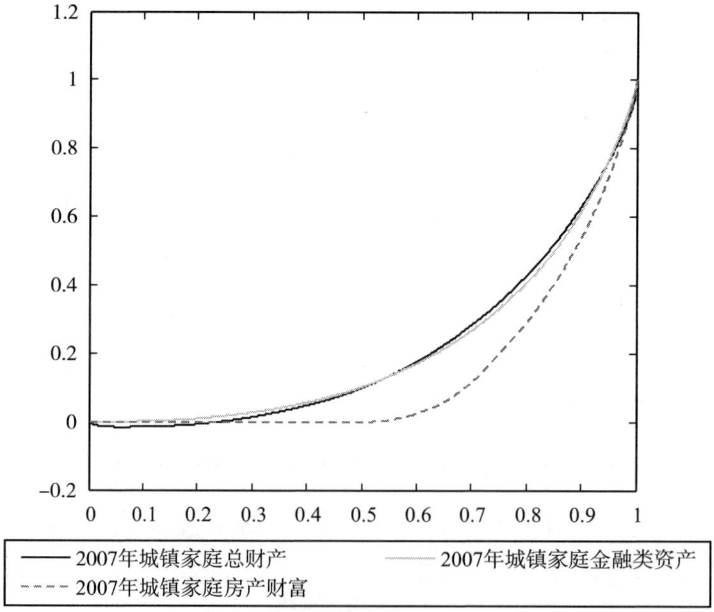

2007年城镇家庭总财产
2007年城镇家庭金融类资产
2007年城镇家庭房产财富

（b）洛伦兹曲线

图 3－7　2007 年城镇居民金融类资产以及房产分布的核密度图和洛伦兹曲线

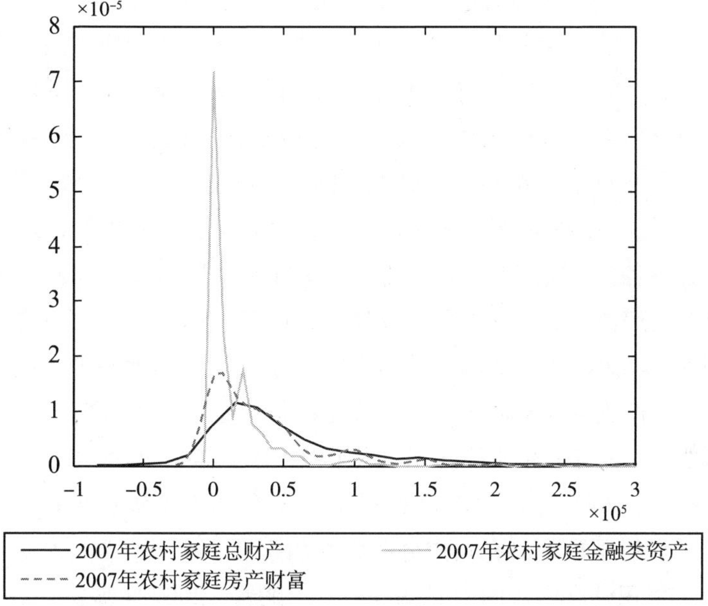

（a）核密度图

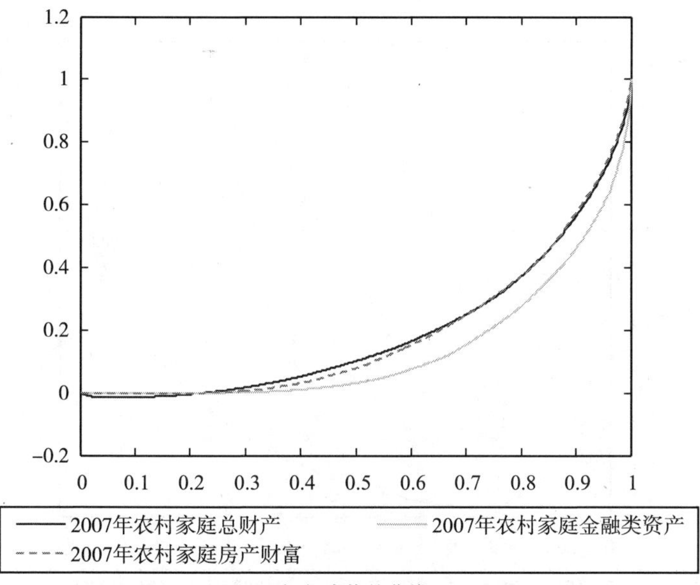

（b）洛伦兹曲线

图 3－8　2007 年农村居民金融类资产以及房产分布的核密度图和洛伦兹曲线

2007年城镇与农村财产分布进行比较可以发现，农村金融类资产的比例远小于城镇，仅为27.65%，而生产性资产的比例则远高于城镇，达到13.07%。这主要是由于农村居民往往拥有各种农业生产工具，而城市居民此项分项资产内容较少，同时农村居民较少有机会进行金融投资。此外，农村居民的债务结构中，大宗消费品和其他债务比例大致相同，这也是由于农村居民需要购买各种生产工具，而城市居民往往没有此项借贷。农村家庭中各分项财产对净财产的贡献率与城镇十分相似，其中金融类资产和自有住房估计价值的基尼系数分别为0.72和0.62，对不平等的贡献率分别为24.29%和53.02%。在农村财产分布底端的家庭自有住房估计价值占净财产比例高于顶端家庭，并且家庭负债远超过资产。

图3－9的洛伦兹曲线显示，相比于2007年和2005年城镇的金融类资产分布，2007年农村的金融类资产分布的不平等程度最高，这主要是由于农村中通常只有财产分布顶端的家庭才有机会参与金融类资产投资。从累积密度函数图（见图3－10）来看，2007年城镇家庭金融类资产比2005年有所增长，并且城镇的金融类资产远大于农村的金融类资

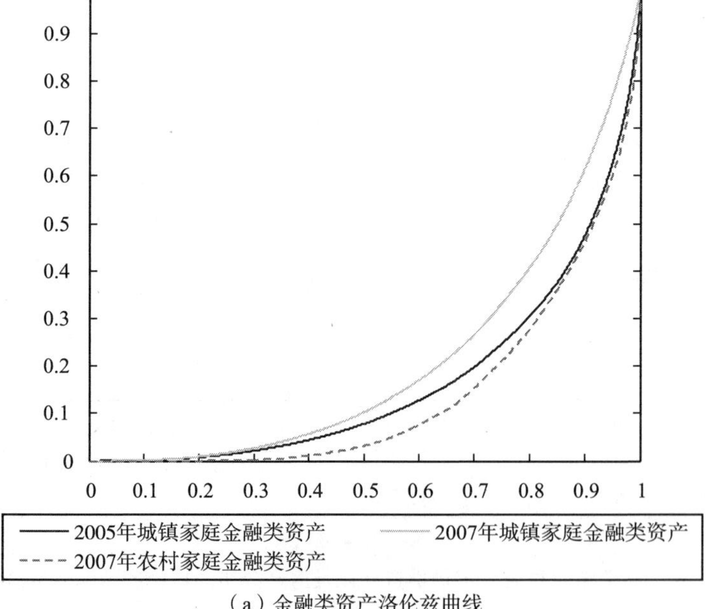

（a）金融类资产洛伦兹曲线

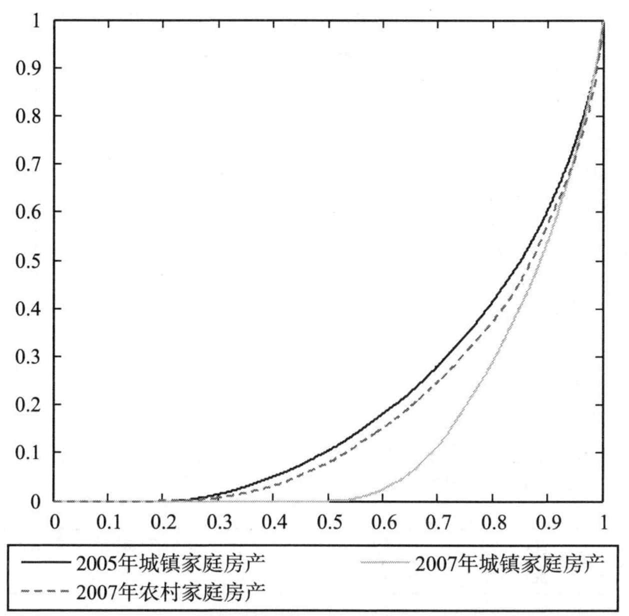

（b）房产洛伦兹曲线

图3-9　中国城乡居民金融类资产以及房产分布的洛伦兹曲线

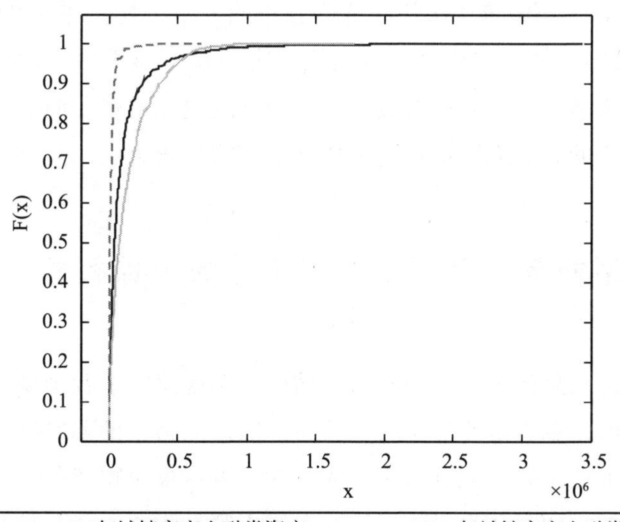

（a）金融类资产累积密度函数

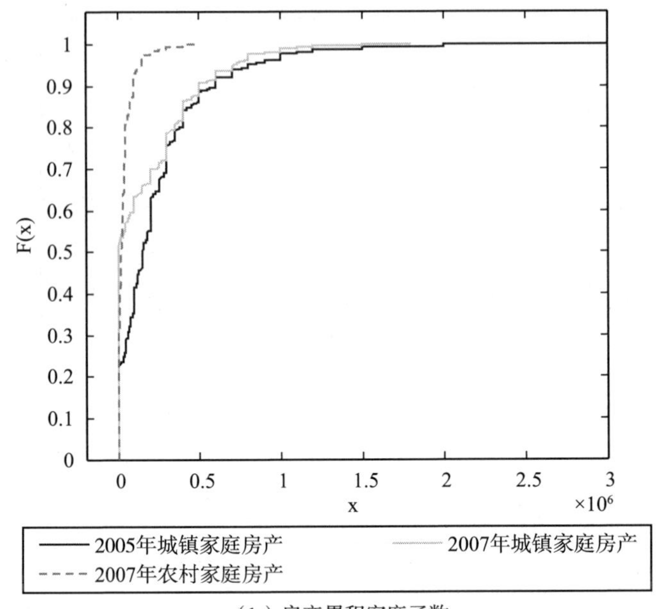

（b）房产累积密度函数

图 3－10　中国城乡居民金融类资产以及房产分布的累积密度函数

产持有量。2007 年城镇住房估计价值分布的不平等性高于 2007 年农村和 2005 年城镇，这一点从洛伦兹曲线上可以很明显看出。这可能是由于房价的快速增长使原来持有较多房产的家庭更加富裕，而原来家庭财产持有量较低的家庭无法承担购买住址所需要的资金。

第四节　财产分布不平等的原因初探

我们已经从总体统计特征和财产结构的角度研究了我国城乡财产分布的状况，但是更为重要的是财产分布的决定因素，即哪些因素导致了居民财产水平的差异。无疑，家庭成员的个人特征对财产分布有着重要的影响，例如，通常认为身体健康的个体更容易积累财产，受教育年限与财产积累有着正向关系，但是这些观点是否符合我国的情况需要用数据进行检验。为了提供尽可能详尽准确的说明，我们将通过按照个体特征拆分样本以及估算财产函数两种方法对此进行研究。

从第三节的分析可以看出，财产分布并非正态分布，而是向低财产值扭曲。在估算财产函数时，如果直接以财产值作为被解释变量，容易受到极端值的影响，得到的回归结果并不可靠。卡罗尔等（Carroll et al.，2003）的研究表明，用未经转换的财产值直接估计财产函数得到的残差分布并不能通过正态分布的检验。孟昕（Meng，2007）的研究结果也表明用财产作为被解释变量不能产生合理的回归结果。李实等（2000）的研究对财产进行了对数转换，但是由于这种方法不允许负财产和零财产，并不适合我们的研究。为了避免以上两个问题，本章遵循卡罗尔等（Carroll et al.，2003）的方法，首先对财产做反双曲正弦转换：

$$f(W,\ \theta) = \ln(\theta W + \sqrt{\theta^2 W^2 + 1})/\theta \qquad (3-2)$$

其中，θ 为阻尼参数，θ 选择的标准是使回归残差尽量符合正态分布。通过式（3－2）的转化，极端值的影响被缩小，同时也消除了财产只能为正的约束。以转化后的财产作为被解释变量，财产函数的估计方程为：

$$f(W_i,\ \theta) = \beta_0 + \beta_1 X_i + \beta_2 M_i + \varepsilon_i \qquad (3-3)$$

其中，X_i 是描述个人特征的虚拟变量，M_i 是家庭内部控制变量，包括家庭人口数和家庭收入。附录中表 A1 汇报了财产函数计量回归的结果。

一、年龄

按照生命周期理论，财产应当在退休时达到最大值，之后开始下降，呈倒“U”形曲线。对财产和年龄做二次函数的回归，得到如图 3－11 所示的估计结果。城镇的财产分布表现出明显的倒“U”形曲线形状。2005 年的峰值出现在 50 岁左右，2007 年的峰值出现在 60 岁左右。这一结果与现实情况基本吻合。计量结果显示，2005 年和 2007 年城镇 50～59 岁的虚拟变量显著为正，2007 年 20 岁以下和 20～29 岁的虚拟变量显著为负，这一结果与图 3－11 所示的年龄—财产曲线一致。2007 年的峰值推后可能是由于自有住房估计价值上升，导致拥有房产的老年人更为富裕，而年轻人通常没有自己的房屋产权，并不能享受房价上升带来的财产增长。李实等（2000）的研究认为，中国的财产分布在一生中出现了两个峰值，与传统的生命周期理论并不符合，而本章的研究结果则肯定了生命周期理论，并且这一结果与孟昕（Meng，2007）的研究较为接近。

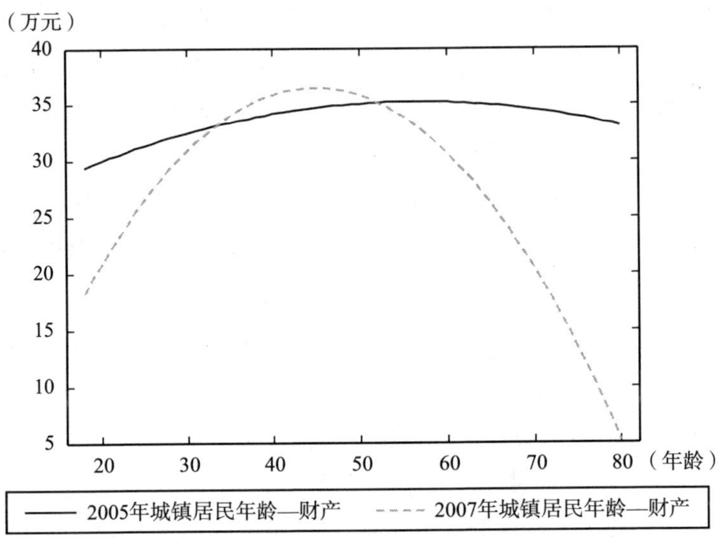

图 3－11　城镇居民年龄—财产曲线

相较于城市，农村的财产和年龄并没有明显的相关性。这可能是由于农村居民的收入与身体健康程度及劳动生产率直接相关，而年轻人由于身体状况的优势往往能够获得更高的收入，而城市中收入往往在退休前达到顶峰。这一因素使倒“U”形曲线不再成立。计量回归的结果也显示，2007 年农村各年龄段的虚拟变量都不显著。

二、职业

另一个能够产生财产分布差异性的因素是职业选择，表 3－8 汇报了相关的统计结果。表 3－8 显示，2005 年城镇财产平均值最高的是个体户及私营企业主，然后为教师及科研人员和公务员。其中，个体户及私营企业主和教师及科研人员的财产均值高于全样本均值。2007 年城镇

表 3-8　　中国城乡居民财产分布：按职业细分样本及相应的五等分组

指标	职业分类	1		2		3		4		5		全样本		
		均值（元）	份额（%）	均值（元）	份额（%）	均值（元）	份额（%）	均值（元）	份额（%）	均值（元）	份额（%）	均值（元）	基尼系数	份额（%）
2005 年城镇	1	5 059	6.07	118 600	11.43	225 102	11.43	381 703	12.50	815 524	9.96	328 324	0.47	10.28
	2	22 380	17.14	113 246	14.64	213 834	16.07	381 049	13.21	779 908	8.54	246 956	0.51	13.92
	3	21 072	22.50	117 256	25.00	218 308	23.93	391 997	26.07	901 767	20.64	317 463	0.52	23.63
	4	1 232	22.14	112 841	12.86	205 699	12.14	372 142	16.07	1 046 970	23.84	401 745	0.61	17.42
	5	21 917	4.29	94 429	1.79	218 733	2.50	370 060	1.79	1 294 700	0.71	216 322	0.63	2.21
	6	49 932	5.00	120 374	5.36	205 766	4.29	410 071	2.50	1 184 867	8.90	513 233	0.59	5.21
	7	15 193	22.86	114 920	28.93	216 157	29.64	374 101	27.86	973 243	27.40	345 539	0.54	27.34
2007 年城镇	1	19 004	3.62	84 580	5.43	201 818	7.69	389 306	9.95	827 558	13.51	426 847	0.46	8.05
	2	-26 743	26.24	85 020	23.98	190 881	19.00	368 521	30.77	903 878	28.83	329 402	0.59	25.77
	3	1 977	29.86	76 900	33.48	189 849	31.67	374 743	30.32	752 294	25.23	259 300	0.55	30.11
	4	-40 717	4.07	72 965	6.79	177 970	7.24	376 644	8.14	797 300	13.96	394 061	0.49	8.05
	5	6 549	4.98	74 551	1.36	191 063	2.71	474 100	0.90	0	0	108 649	0.66	1.99
	6	-42 850	6.79	72 720	6.79	184 755	7.69	409 045	6.33	812 466	12.16	355 137	0.55	7.96
	7	-3 219	24.43	82 843	22.17	189 199	23.98	356 415	13.57	975 575	6.31	191 318	0.62	18.08

续表

指标	职业分类	1		2		3		4		5		全样本		
		均值（元）	份额（%）	均值（元）	份额（%）	均值（元）	份额（%）	均值（元）	份额（%）	均值（元）	份额（%）	均值（元）	基尼系数	份额（%）
2007 年农村	1	−2 679	5.94	16 353	7.92	33 050	5.94	60 443	6.93	188 550	16.50	89 579	0.55	8.68
	2	−4 481	17.82	16 446	32.67	31 832	24.75	60 572	23.76	146 243	21.36	48 598	0.56	24.06
	3	2 288	2.97	16 063	4.95	29 219	2.97	69 223	3.96	151 695	11.65	84 150	0.48	5.33
	4	2 373	29.70	16 250	25.74	33 864	33.66	60 852	27.72	167 556	16.50	45 906	0.56	26.63
	5	−4 395	23.76	14 746	8.91	33 135	11.88	62 903	17.82	282 211	17.48	81 937	0.74	15.98
	6	3 843	3.96	13 365	2.97	35 743	0.99	62 565	0.99	179 971	1.94	46 701	0.67	2.17
	7	−1 356	15.84	18 111	16.83	31 939	19.80	58 274	18.81	175 950	14.56	53 695	0.59	17.16

财产平均值最高的是公务员，其后依次为教师及科研人员、工程技术人员及企业管理人员、个体户及私营企业主、工人及服务业工作人员。教师及科研人员、工程技术人员及企业管理人员主要集中在财产分布的顶端，其中公务员和教师、科研人员这两个群体的财产高于样本的平均水平，其他群体的财产平均值都低于样本的平均值。这一结果与我们的基本认识是一致的。2007 年与 2005 年最明显的不同是公务员的平均财产有了较快的增长，这与公务员工资改革以及公务员普遍享受福利分房效果逐渐表现的结果。计量回归的结果显示，2005 年，公务员、个体和私营企业主的虚拟变量显著为正，而下岗失业者的虚拟变量显著为负；2007 年，公务员的虚拟变量显著为正，下岗失业者的虚拟变量显著为负。计量回归的结果与统计分析的结果一致。

虽然公务员的财产持有量较高，但是基尼系数是城镇居民各个群体中最低的，2007 年只有 0.46，这主要是由于公务员群体收入水平较为接近。2007 年城镇居民基尼系数最高的群体是工程技术人员及企业管理人员、下岗或失业以及其他人群，分别达 0.59、0.66 和 0.62。这些群体由于工作经历、所在岗位、就业历史的不同可能产生不同的财产积累水平，导致其不平等程度较为严重。

2007 年农村财产均值最高的职业依次是工作或就业（非打工）、从事其他家庭经营活动和在外地打工，其财产均值远超过全样本的平均值，而其他群体的财产均值都低于全样本的均值。值得注意的是在外地打工比在本地打工的财产均值高出约 1 倍，说明外出打工是收入较高和积累财产较为容易的职业选择；而从事家庭农业活动的财产均值较低，说明农村务农的经济效益较低。计量结果显示工作或就业以及其他家庭经营活动的虚拟变量显著为正。

从基尼系数来看，外地打工和下岗或失业的群体财产的基尼系数最高，达 0.74 和 0.67，其原因与城镇相同，即这些群体容易产生财产积累和收入的分化。而在本地打工、从事家庭农业活动等工作的群体收入相对波动较小，财产分布不平等程度较低，基尼系数都为 0.56。

三、婚姻状况

从十等分组情况来看，无论是在城镇还是农村，婚姻状况与财产分布并没有表现出明显的相关性。计量回归的结果显示 2005 年城镇已婚虚拟变量显著为正，这可能是因为婚姻状态与年龄具有较高的相关性，而年龄与财产积累有正相关性；同时已婚意味着家庭人口数增多，这也将导致已婚和财产积累的正相关性。但是，这种相关性并不很强，2005 年城镇已婚虚拟变量只在 10% 的显著性水平上显著，2007 年城镇和农村的已婚虚拟变量都不显著。2007 年丧偶的虚拟变量显著为正，这可能是由于丧偶的样本量很小，容易受到极端值影响，得到有偏估计。

四、受教育程度

受教育程度直接体现了个体人力资本投资的情况，受教育程度越高，寻找到高收入工作的机会也就越高。我们预期受教育程度对财产水平有正面影响。如表 3 - 9 所示，从 2007 年城镇的全样本均值来看，随着学历的升高，财产持有量相应增加，说明受教育程度和财产正相关。研究生以上学历的财产均值达 530 408，是大专和本科学历财产均值的 1.7 倍，是高中和中专学历的 2.38 倍。大学以上学历的群体财产均值超过全样本平均值，而其他群体则低于样本平均值。五等分组的结果显示，大专和本科及以上学历占相应组别的比例随着组别等级上升而上升，高中以下学历占相应组别的比例随着组别等级上升而下降。计量结果显示，大专和本科以及研究生的虚拟变量都显著为正，体现了人力资本投资与财产的高度正相关性。李实等（2000）的研究显示受教育程度与财产水平负相关，本章修正了其研究结果。

从财产分布的集中程度来看，未上过学的群体的基尼系数最低，为 0.35，这可能是因为该群体普遍从事简单的体力劳动，收入较低且比较平均，财产分布相对集中。基尼系数最高的群体是接受了小学和初中教育的群体，达 0.73，这可能是因为该群体可以从事职业的范围较广，相应收入波动的幅度也较大，导致该群体的财产分布不平等程度较高。

表 3－9　中国城乡居民财产分布：按受教育程度细分样本及相应的五等分组

分类	受教育程度	1		2		3		4		5		全样本		
		均值（元）	份额（%）	均值（元）	份额（%）	均值（元）	份额（%）	均值（元）	份额（%）	均值（元）	份额（%）	均值（元）	基尼系数	份额（%）
2007 年城镇	文盲	31 024	0. 45	0	0	190 843	0. 90	404 719	0. 90	0	0	244 430	0. 35	0. 45
	小学和初中	5 773	18. 10	77 101	17. 65	183 906	10. 86	377 458	7. 24	1 461 273	7. 21	274 602	0. 73	12. 21
	高中和中专	－1 357	22. 62	82 585	27. 60	187 323	23. 98	370 107	15. 38	796 964	13. 06	222 879	0. 59	20. 52
	大专和本科	－21 186	56. 11	80 614	53. 85	188 165	59. 73	375 027	71. 95	767 311	74. 32	311 931	0. 53	63. 20
	研究生	9 088	2. 71	69 568	0. 90	199 857	4. 52	353 323	4. 52	1 290 903	5. 41	530 408	0. 57	3. 62
2007 年农村	文盲	4 056	6. 73	16 930	12. 50	30 320	13. 46	64 774	2. 88	196 743	3. 88	40 348	0. 56	7. 90
	小学和初中	－3 495	56. 73	15 802	51. 92	34 447	57. 69	60 350	68. 27	185 142	57. 28	59 149	0. 61	58. 38
	高中和中专	4 627	20. 19	17 191	23. 08	30 441	12. 50	63 916	20. 19	204 445	27. 18	74 506	0. 62	20. 62
	大专和本科	－3 454	16. 35	15 949	12. 50	31 495	16. 35	65 622	8. 65	139 669	11. 65	43 392	0. 62	13. 10

与城镇情况不同，从各个受教育群体的财产均值来看，农村财产分布于受教育水平并没有表现出明显的相关性。计量回归的结果显示，除了大专和本科，其他虚拟变量都不显著，而大专和本科的系数估计值为负，与我们的预期相反。在农村中，接受高等教育的比例很低，接近70%的人群最多只接受了小学或者初中的教育，这与城镇的情况非常不同。我国农村仍然以体力劳动为主，人力资本在农村中并不能直接转化为较高的劳动生产率，较高的受教育经历并不能够直接转化为较高的收入。这在一定程度上解释了我们以上的发现。另一个与城镇不同的地方在于农村中各个受教育群体的基尼系数非常接近，都在0.6左右。这表明受教育程度与农村的财产分布并没有直接的关系。

五、健康状况

从2007年城镇的全样本均值来看，随着健康程度的提高，财产均值上升，这意味着健康程度与财产为正相关关系。计量结果显示，代表身体状况非常好的虚拟变量显著为正。这是因为一方面健康程度与劳动生产率相关，身体状况良好的群体更容易获得高收入；另一方面身体状况较差的个体通常需要较高的医疗开销，从而不利于财产积累。从五等分组来看，越接近财产分布的顶端，身体状况好的人群比例越高，身体状况差的人群比例越低。

2007年农村比城市表现出更明显的正相关关系，随着健康程度提高，财产占有量增加。从五等分组来看，越接近财产分布顶端，身体状况非常好和好的群体比例越高。这是由于农村中主要进行的是体力劳动，身体健康状况与劳动生产率及相应的收入有着密切的关系，身体状况良好往往意味着更高的劳动生产率和更高的收入。尽管计量结果显示并没有某一虚拟变量显著，但是各个虚拟变量的符号与我们的预期相符。

六、社会政治因素

2007 年城镇调查问卷提供了关于政治面貌的个人特征选项。以往的研究已经发现，是否是共产党员对于财产分布具有显著影响（Meng，2007；Appleton et al.，2005）。共产党员身份对财产积累有两方面的影响：一方面，个人能力较为突出、人力资本积累较多的个体更容易成为党员，是否是共产党员是个体综合素质的一种代理指标；另一方面，在成为共产党员之后，个体往往有更多的经济和社会发展空间和发挥才能的机会，有利于获得更高的收入，积累更多的财产，同时在住房分配、医疗保险等方面具有一定优势。孟昕（Meng，2007）的研究结果显示，在住房改革之前，共产党员比非共产党员的住房条件和住房面积都更优越，而在住房改革后共产党员得到了更多的住房补贴。从表 3 - 10 的统计分析来看，共产党员的财产均值为 374 310 元，为无党派人士群体财产均值的 1.31 倍。从五等分组情况来看，随着组别的提高，共产党员所占份额逐渐增加，而无党派人士所占的份额逐渐减少。计量回归的结果也证实了这一点，代表共产党员的虚拟变量显著为正。李实、魏众、古斯塔夫森（2000）的回归结果显示代表共产党员的虚拟变量显著为负，而本章的研究结果与此相反。一个可能的解释是在 1995 年，我国居民财产积累较低，市场经济并不成熟，人力资本并不能很好地转化为经济收益，同时共产党员各种隐性收入和福利补贴并不显著，共产党员身份对财产积累产生影响的两种机制还不能很好地发挥作用。但是目前来看，共产党员身份对财产积累的作用则已经非常明显了。

表 3-10　中国城乡居民财产分布：按政治面貌细分样本及相应的五等分组

政治面貌	1		2		3		4		5		全样本		
	均值（元）	份额（%）	均值（元）	份额（%）	均值（元）	份额（%）	均值（元）	份额（%）	均值（元）	份额（%）	均值（元）	基尼系数	份额（%）
共产党员	-5 710	12.00	76 132	7.11	192 075	15.11	381 552	19.11	810 058	21.52	374 310	0.49	14.96
民主党派成员	-15 982	0.89	96 672	4.44	169 819	5.78	347 805	2.22	640 688	0.90	192 588	0.40	2.85
无党派人士	-10 739	87.11	79 753	88.44	189 082	79.11	374 287	78.67	863 174	77.58	284 941	0.60	82.19

第五节　结　　论

本章利用奥尔多投资中心 2005 年和 2007 年的调查数据详细研究了现阶段我国城乡居民财产分布的现状。我们首先分析了我国城乡居民收入分布及其不平等状况的总体统计特征。2007 年城镇和农村的基尼系数已经分别达 0.57 和 0.62，高于之前研究的估计结果，与美国等发达国家的差别逐渐缩小。同时，我国的财产分布不平等程度高于收入分布的不平等程度，这一结果与国际经验和已有文献的发现一致。令人意外的是，农村财产分布的基尼系数高于城市，这主要是由于农村两极化趋势较为严重的结果。

其次，我们从财产的构成出发对城乡财产分布进行了分解分析。研究结果表明，金融类资产和自有住房估计价值是居民财产的主要组成部分，同时也是财产分布不平等的主要原因。值得注意的是，城镇自有住房估计价值分布的不平等程度从 2005 ~ 2007 年迅速加剧，导致了 2007 年城镇财产分布差距的拉大。

最后，我们通过依照个体特征细分样本以及估算财产函数两种方法探讨了导致居民财产水平差异的原因。不同于李实等（2000）的研究结果，我们发现我国的财产分布与生命周期理论的预期一致，在 50 ~ 60 岁之间财产达到峰值，在整个生命周期内呈倒“U”形曲线。职业差别导致了财产分布不平等性加剧，城镇中，公务员、个体和私营企业、教师及科研人员是城镇财产均值最高的群体，但是这些群体内部的不平等程度低于全社会的财产分布不平等程度。农村中，在外地打工、从事其他家庭经营活动是农村财产均值最高的群体，而从事家庭农业活动的家庭财产均值较低，而在外地打工群体的财产水平差异较大。关于职业和财产分布的研究结果为提出缩小贫富差距的政策建议提供了可能。在城市中，受教育程度对财产水平有显著的正向影响，只接受了小学或初中教育的群体财产分布不平等程度最高；在农村，受教育水平则与财产分布没有直接关系。此外，我们发现共产党员作为个人特征与财产分布的关系是显著的。共产党员群体的财产水平高于非共产党员群体，但是其财产分布不平等程度较低。

本章的实证研究将为以后进一步的理论研究以及制定缩小贫富差距的政策提供基础，但仍有一些值得完善和改进的地方。一是数据的样本容量比较小，可能会导致分析所得到的结论有一定的局限性，因此我们呼唤更大规模的有关财产分布的调查。已有的、关于中国居民财产分布以及贫富差距的研究普遍存在这样的问题，例如，孟昕（Meng，2007）所使用的样本其容量为 3 000 多个或者 4 000 多个，世界银行的相关研究罗和朱（Luo and Zhu，2008）所使用的样本其容量也只有 1 000 多个或者 2 000 多个，都不是很大；而且这些研究所使用的调查数据通常只涉及较少的几个省份，而本章所使用的调查数据涉及的省份较多，基本囊括了东部沿海、中部以及西部地区的代表省份，因此在某种意义上讲代表性意义更强一些。但是，如果今后的调查规模能够更大，那么相应的研究结果将更加坚实可靠。二是我们初步探讨了导致居民财产水平差异的原因，考察了各种经常被讨论的个体特征对居民财产水平的影响，但是我们可能遗漏了其他一些重要的因素，如居民的主观行为特征（像居民对待风险的态度等）以及财产遗赠因素，这可以成为以后进一步研究的方向。值得一提的是，虽然本章使用的是 2005 年和 2007 年的调查数据，但根据最新的一些研究来看（Piketty et al.，2019），本章的部分结论依然稳健。例如，第一章图 1 - 4 显示，2007 年以来，我国财产分布不平等程度较为严重的趋势没有改变，且相比于 2007 年，2010 ~ 2015 年期间财产分布不平等状况进一步恶化。

第四章　宏观收入分配格局对总需求的影响

【本章摘要】本章借鉴后凯恩斯主义要素收入分配理论，将资本报酬划分为食利者利润和非食利者利润，在理论上拓展了对要素收入分配格局和总需求二者关联机制的认识①。在实证方面，本章利用《资金流量表》数据，通过协整分析和误差修正模型，考察了要素报酬与总需求的长期均衡关系，得到以下结论：第一，由于边际递减规律的存在，我国的内需体系是“工资领导型”，即总收入中工资份额的上升有助于扩大内需；第二，考虑国外部门以后，劳动力成本上升显著抑制了净出口，由此我国的总需求体系变为“利润领导型”；第三，对总利润进行细分之后发现，总利润中企业部门利润过高是抑制国内需求的主要因素。随着美国对华贸易政策的调整，外部需求可能面临进一步下降趋势，因此，逐步增加国民收入中住户部门收入占比和劳动者报酬占比、降低企业部门留存利润份额是扩大我国内需的有效路径。

自2007年次贷危机爆发以来，宏观收入分配格局（生产要素收入分配）与总需求之间的关联再次成为经济学家关注的热点。菲图西和斯蒂格利茨（Fitoussi and Stiglitz，2009）认为，危机爆发的结构性根源在于要素收入分配的失衡：自20世纪80年代起，大多数发达国家的工资水平停滞不前，收入不平等加剧，由于工资收入的消费倾向普遍高于利

---

① 本章改写自李育、刘凯：《宏观收入分配格局对总需求的影响》，载于《财经问题研究》2018年第12期。

润收入的消费倾向，工资份额的下降通过抑制消费需求进而长期对宏观经济产生影响，由此引发了危机的爆发。拉詹（Rajan，2011）和赖希（Reich，2010）也认为美国穷人阶层和中间收入阶层在收入停滞的状态下保持消费的增加，这是导致危机爆发的根本原因。不仅如此，皮凯蒂（2014）利用长达200多年的历史数据研究表明，由于资本回报率持续高于产出和收入增长率，资本报酬过高将导致资本主义走向无法支撑的不平等，并进而威胁到市场经济赖以生存的公平竞争价值观。

经济危机爆发之前，主流的新古典主义经济学并未对要素收入分配问题给予足够的重视。索洛（Solow，1956）和斯旺（Swan，1956）认为，在“边际生产力”理论框架内，各生产要素按其边际贡献获得回报，要素的稀缺程度和相对价格总能使要素收入分配处在合理状态，要素收入分配也不会对长期经济增长产生影响。事实上，对要素收入分配需求效应的研究主要是由后凯恩斯主义完成的，Bhaduri－Marglin收入分配模型就是其代表性成果之一。巴杜里和马戈林（Bhaduri and Marglin，1990）建立的模型认为，劳动收入具有两方面的效应：一是作为消费需求的收入来源，提高其份额可增加消费需求。二是作为生产供给的成本，提高其份额有可能抑制投资需求和净出口，当前者的作用大于后者时，提高劳动收入份额可促进总需求的增长，此时的国民经济需求体系为“工资领导型”（Wage－Led）；反之，则属于“利润领导型”（Profit－Led）。

从我国要素收入分配格局的典型化事实出发，本章认为，不仅劳动和资本报酬的分配会影响总需求，总的资本回报在住户部门和企业部门之间的分配也会影响总需求。这是因为，企业获得的资本回报（即留存利润）是企业可直接调动的用于再投资的资金，因而其对于总需求、特别是投资需求的拉动效应与住户部门利润具有一定的差别，忽略这种差别去考察要素收入分配对总需求的影响会导致有偏误的实证结论。

事实上，自20世纪90年代以来，劳动报酬份额和住户部门资本报酬份额持续下降已经成为一个基本共识，李稻葵等（2009）、白重恩和钱震杰（2009）、罗长远和张军（2009）、吕冰洋和郭庆旺（2012）、魏众（2014）等学者都对此问题进行研究。柳欣和王晨（2009）、沈坤荣和刘东皇（2011）、刘盾等（2014）认为，这一趋势必然会对消费需求、投资需求以及外部需求产生影响。相应地，1992～2012年，我国总需求中消费需求比重从62.4%下降至49.1%，下降了13.3个百分点，而投资率从36.6%上升至48.3%，增长了11.7个百分点。李育和吕之望（2011）认为，尽管和发达国家相比，我国需求总量仍然持续增长，在危机中并未发生明显下降，但总需求中消费和投资比例的失衡，以及这种失衡背后的收入分配因素依然值得关注。

然而，迄今为止，很少有研究注意到我国总利润在住户部门和企业部门之间的分配问题。利用《资金流量表》数据，将总利润划分为住户部门利润和企业部门利润之后，本章发现近年来我国总利润的增长几乎完全是由企业部门利润增长拉动的，而住户部门利润份额基本保持不变，这意味着普通住户未能充分分享资本回报，大量利润留存在企业中。按照后凯恩斯主义的理论，留存在企业中的利润与分配给资本所有者的利润对总需求的影响是不同的，企业利润有更高的投资倾向，而住户利润消费倾向更高。

本章借鉴后凯恩斯主义的收入分配的理论，分析我国的要素收入分配变化及其总需求效应，主要的创新点在于：一是将资本回报划分为住户部门利润和企业部门利润，对要素收入分配的概念及其对总需求的影响进行了拓展和深化；二是通过适当的调整方法，利用《资金流量表》数据估算了再分配之后的要素回报，在要素收入分配格局的估算上作出了改进；三是利用多种计量分析方法对我国的需求体系进行了实证检验，并将外部需求纳入总需求函数，得到了较为稳健的结果和明确的政策含义。

第一节　相关文献回顾

后凯恩斯主义的代表人物卡莱茨基认为，不同类型收入的消费和投资倾向是不同的：工资的消费倾向大于利润的消费倾向；而利润的投资倾向应大于工资的投资倾向。因此，当总收入中工资份额下降时，总需求中消费比例将会下降而投资比例将会上升。但问题在于，工资份额的下降同时抑制了消费并提高了投资，这时总需求如何变动呢？奥纳兰等（Onaran et al.，2011）和斯托克海默和埃德雷尔（Stockhammer and Ederer，2008）认为，这个问题需要通过实证检验来回答。按照边际递减规律，随着利润份额的不断增加，继续增加利润所带来的边际投资增量将下降，而由此带来边际消费需求减少值将上升，因此，如果总收入中利润份额过高，那么继续增加利润收入对投资需求的拉动将非常有限，而对消费需求的抑制则非常强烈，从而在总体上抑制总需求。反之亦然，如果总收入中工资份额过高，则对投资需求的抑制将超过对消费需求的拉动，总需求也会下降。

由此可知，要素收入分配构成会影响总需求结构，国民收入中工资与利润应当保持适度的比例，否则就会对总需求产生抑制。刘盾等（2014）认为，要素分配对总需求的影响可分为“利润挤压论”和“消费不足论”，Bhaduri－Marglin 模型正是对这两种理论的结合。在实证研究中，通过将要素收入分配纳入总需求函数，可以得到两者之间的数量变动关系：如果一个国家总收入中工资份额的上升引起总需求的增加，那么该国的需求体系为“工资领导型”；反之，如果工资份额的上升引起总需求的下降，那么该国的需求体系为“利润领导型”。围绕这一主题，国内外出现了大量的实证研究。黄乾和魏下海（2010）运用中国省级面板数据，考察了劳动报酬比重变动对国内需求和总产出的影响效应，实证结论是我国国内需求体系属于“工资领导型”，即提高工资份额有利于扩大总需求。沈坤荣和刘东皇（2011）利用时间序列数据对同一主题进行了实证检验，他们发现，1978～2007 年整体而言，我国的需求体系为“利润领导型”，但从单个年份的数据来看，1995 年和 2007 年的需求体系为“工资领导型”。柳欣和王晨（2009）通过理论和实证两方面论证，认为中国投资的高速增长和大量积累资本存量，使工资收入在总收入中的比重下降，及企业投资需求下降，最终引起有效需求不足。

但上述文章忽略了一个重要问题，即工资全部归劳动者所有，但利润却归属于不同主体。按照后凯恩斯主义的研究，利润可以分为分配给股东的食利者利润和留存在企业中用于扩大生产的非食利者利润，利润在这两者之间的分配显然也会影响总需求。海因和沃格尔（Hein and Vogel，2008）认为两方面的收入分配——一是资本和劳动之间的分配；二是管理者和工人之间的分配——会在金融化的扩大效应下，对实体经济产生影响。这正是后凯恩斯主义要素收入分配的核心：即食利者利润代表了股东力量，而非食利者利润代表了公司管理层的力量，股东更希望企业多分配利润，而公司管理层则更希望留存利润用于再投资。因此，股东和管理层相对力量的变化，影响总利润在食利者利润和非食利者利润之间的分配，而这一分配结果的影响又会反馈在消费和投资中。奥纳兰等（Onaran et al.，2011）利用这一方法，发现美国的需求体系为“工资领导型”，降低食利者利润份额有利于扩大总需求。

第二节　要素收入分配格局的度量与测算

自古典经济学以来，生产要素的划分标准是不统一的。为了便于进行定量分析，本章沿袭目前多数实证文章的方法，将生产要素划分为劳动和资本，与之相对应的收入分别为工资和利润。此外，本章还关注利润在不同部门之间的分配，将利润进一步划分为食利者利润和非食利者利润：总利润中进入住户部门的部分为食利者利润，而留存在企业部门的部分为非食利者利润。

一、税前要素收入分配

近年来，大量学者对我国的要素收入分配格局进行了测算，如白重恩和钱震杰（2009）、张车伟和张士斌（2010）、吕冰洋和郭庆旺（2012），等等。但这些研究因数据来源不同、计算方法各异、对统计口径的理解不同而结论各异。研究要素收入分配常用的数据来源有三个：《中国资金流量表历史资料（1992－2004）》和历年《中国统计年鉴》中的资金流量表、按照收入法计算的分省份 GDP 数据、投入产出表，这三个数据来源各有优劣但反映的基本趋势并无太大差别。

本章对要素收入分配格局的判断基于 1992 ~ 2011 年资金流量表数据，选择该数据的原因有三点：一是从研究目的出发，本章的重点和创新点在于考察利润在不同部门之间的分配，而资金流量表是唯一连续并能够反映国民收入在不同生产要素和不同经济部门之间分配格局的数据，这是按照收入法计算的分省份 GDP 数据和投入产出表数据无法实现的；二是经过比较分析，资金流量表与另外两个数据来源所反映的基本趋势和差别不大；三是白重恩和钱震杰（2009）、吕冰洋和郭庆旺（2012）的研究都认为，此前对于资金流量表最大的争议是 2004 年劳动者报酬下降是由统计口径调整所致，但国家统计局在 2012 年对历年资金流量表数据进行了重新修订，如图 4 -1 所示，修订后的数据在 2003 年和 2004 年之间的落差比修订前大大缩小，且 2003 年之前的劳动者报酬份额也统一下调，因此可以判断，资金流量表中公布的数据应该已经按新的统计口径进行了统一调整，张车伟和张士斌（2010）的研究也支持这一推断。

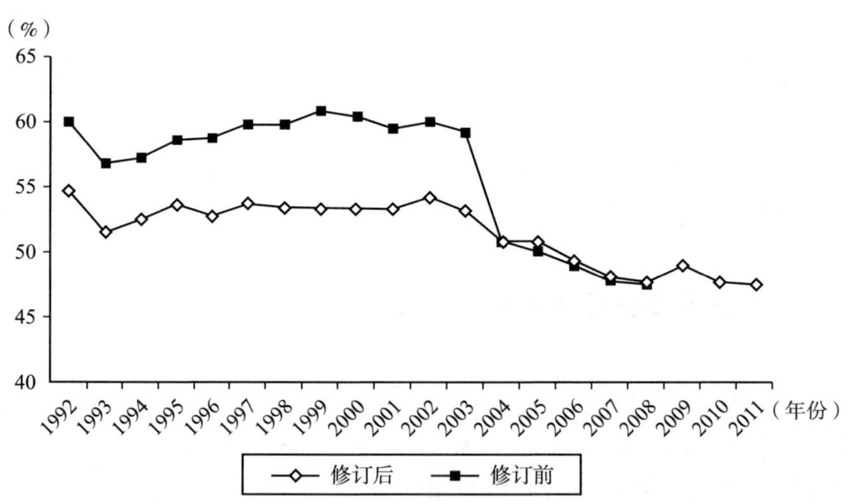

图 4 -1　1992 ~ 2011 年资金流量表反映的劳动者报酬份额

按照资金流量表的数据，我们可以推算历年的税前要素收入分配格局。其中劳动要素收入等于劳动者报酬、政府部门收入等于生产税净额、资本要素收入等于初次分配总收入与前两者之差。按照修订后的数据，我国的劳动者报酬份额从 1992 年的 54.6% 下降至 2011 年的 47.5%，20 年间下降了 7.1 个百分点；与此同时，资本报酬从 1992 年的 30.9% 上升至 2011 年的 39.2%，上升了 8.3 个百分点；此间初次分配的生产税净额略有下降，下降幅度约为 1.3 个百分点。初次分配中各项收入的变化表明，在 1992 ~ 2011 年间，我国收入分配格局的演变过程是利润不断挤占工资的过程，劳动要素回报占初次分配总收入比重的下降反映了生产过程中资本回报率增速高于总收入和工资收入的增长速度，与皮凯蒂（2014）在《21 世纪资本论》（*Capital in the Twenty-First Century*）一书中对全球要素分配格局的判断相符。

二、税后要素收入分配

然而，初次分配中劳动、资本和政府所得收入并非是要素所有者真正获得的最终收入，在收入再分配环节，政府通过直接税和转移支付对要素收入分配格局进行调整，经过二次分配的收入格局才是最终决定消费、投资和净出口的收入格局。因此，初次分配过程中劳动报酬的下降是否在再分配之后得以缓解就成为了一个不可回避的问题。

根据资金流量表的数据结构，税前和税后的要素收入分配差异主要是由收入税、社会保险缴款、社会保险福利、社会补助和其他经常转移的变化造成的，其中处理上较为复杂的是收入税。收入税是针对企业征收的企业所得税和针对个人征收的个人所得税。依据门多萨等（Mendoza et al.，1994）、吕冰洋和郭庆旺（2012）等税收文献，企业所得税均作为对资本要素课税。企业所得税可以视作是税前资本分配份额的减项；但是个人所得税同时包括对劳动要素和资本要素征税，我们需要对之进行拆解。具体拆解的方法是，利用国家统计局公布的住户调查数据，将城镇居民家庭收入中的工资收入占比作为个人所得税中劳动征税的比例，总的个人所得税减去劳动征税即为资本征税，具体推算公式如下：

税后劳动报酬 = 税前劳动者报酬 - 个人所得税
× (城镇居民工资收入/城镇居民总收入)
- 社会保险缴款 + 社会保险福利
+ 社会补助 + 其他经常转移

税后资本报酬 = 税前资本报酬 - 个人所得税
× (1 - 城镇居民工资收入/城镇居民总收入)
- 企业部门经常转移净流出

税后政府部门收入 = 税前生产税净额 + 政府部门经常转移净流入
= 可支配总收入 - 税后劳动报酬 - 税后资本报酬

按照上述公式进行调整的要素再分配收入格局，如图 4 - 2 所示。1992 ~ 1999 年再分配后的劳动收入份额显著高于初次分配劳动收入份额，再分配导致劳动报酬份额平均提高 2.7 个百分点。而 2000 年之后，政府再分配力度减弱，初次分配和再分配的劳动报酬份额相差不多，未能起到缓解劳动报酬下降的作用。换言之，和初次分配格局相比，再分配之后的劳动报酬份额在 1992 ~ 2011 年间下降幅度更大，从 1992 年的 56.9% 下降至 2011 年的 48.1%，下降了 8.8 个百分点，政府再分配功能的缺失加剧了劳动报酬份额的下降趋势。

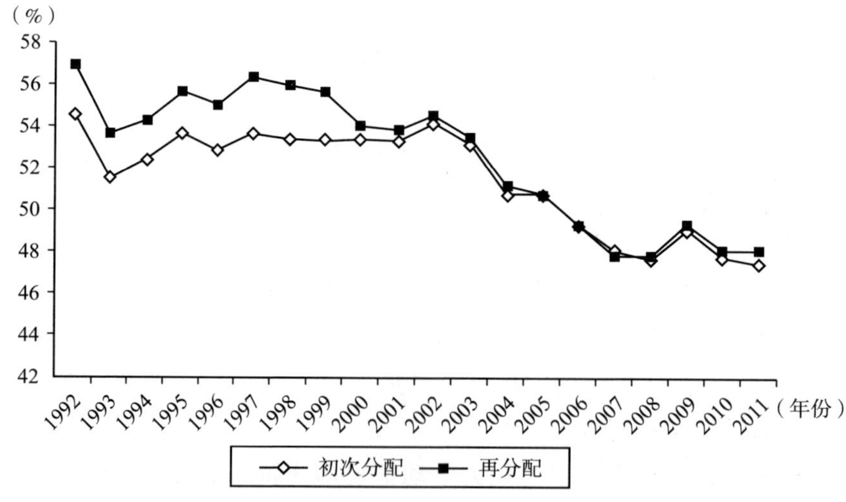

图 4 - 2 1992 ~ 2011 年初次分配和再分配的劳动者报酬份额

三、进一步划分利润份额

在后凯恩斯主义理论中，资本回报可分为两部分：股东所得的投资分红和储蓄利息称为食利者利润，留存在企业中用于再投资的部分称为非食利者利润。我国目前公布的统计数据中，与食利者利润和非食利者利润概念较为吻合的统计口径是资金流量表中住户部门资本报酬（主要包括住户部门的存款和证券利息获得、从上市公司获得的红利以及住户部门留存利润）和企业部门资本报酬（总资本收入－住户部门资本收入）。

经过再分配调整的资本报酬份额变动趋势，如图4－3所示，1992～2011年总体资本报酬份额与企业部门资本报酬份额上升趋势基本保持一致，分别从1992年的25.2%和11.7%上升至2011年的34.8%和20.0%，而同期住户部门资本报酬份额则保持平稳，20年间仅上升了1.6个百分点。由此可以得知，挤占我国劳动报酬的主要原因在于企业部门的资本报酬，金融企业和非金融企业留存大量的未分配利润，一方面，抑制了居民收入水平和消费水平的提高；另一方面，如李扬和殷剑

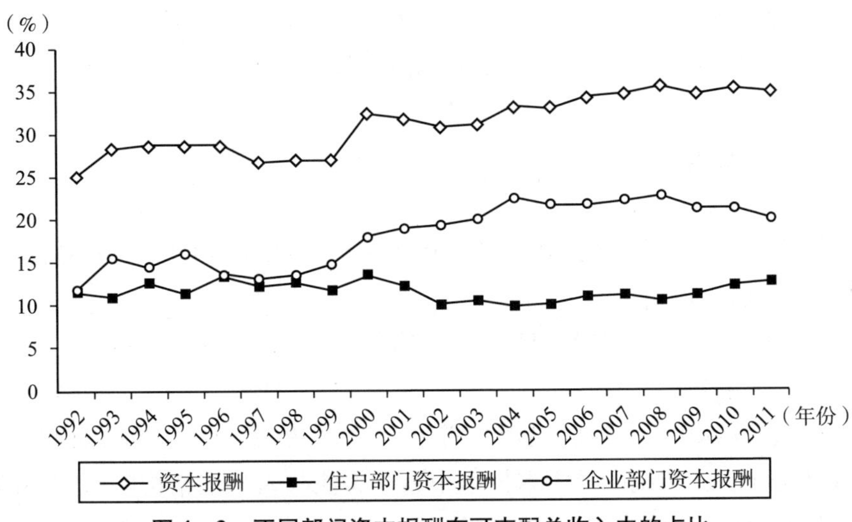

图4－3 不同部门资本报酬在可支配总收入中的占比

峰（2007）所指出的，也推动了国民总储蓄和总投资的增加。对利润的这一细分便于我们刻画我国企业部门收入过高的特点，这反映出我国资本市场发育的不完善，并未形成有效的股东收益分享机制，企业中的大部分利润都用于再投资，而进行分配的比例却很低，总利润的这一分配格局进一步推高了投资需求、抑制了消费需求。和宽泛的利润概念相比，后凯恩斯主义对食利者利润和非食利者利润的划分深化了要素收入分配的概念，也很好地刻画了我国分配格局的主要特点。

第三节　理论模型

一、理论假说

借鉴后凯恩斯主义的研究思路，本章提出以下理论假说：20 世纪 90 年代以来，我国的要素收入分配格局和总需求之间存在长期的均衡关系，总收入中劳动报酬份额的下降和资本报酬份额的上升抑制了消费需求、促进了投资需求和净出口；进一步而言，资本报酬中企业利润份额的上升加剧了这一效应。将要素收入分配对消费、投资、净出口的影响进行加总，可以得到要素分配的总需求效应。

二、模型设定

借鉴宏观经济学中支出法核算国内生产总值（GDP）的基本定义，本章设定以下模型：

$$Y = C(Y,\ \Omega) + I(Y,\ \Omega,\ Z_I) + G(Y,\ Z_G) + NX(Y,\ \Omega,\ Z_{NX}) \tag{4-1}$$

其中，Y 为 GDP，C 为居民消费需求、I 为投资需求、G 为政府购买、NX 为净出口。传统的总需求模型中较少关注收入分配结构的影响，借鉴斯托克海默和埃德雷尔（Stockhammer and Ederer，2008）的研究，我们在总需求函数中加入劳动收入比重变量（Ω）。假定 Ω 对消费、投资和净出口有影响，而对政府购买无影响。式（4－1）中 Z_I、Z_G、Z_{NX}表示除总收入和收入分配之外的其他影响因素。

进一步地，奥纳兰等（Onaran et al.，2011）提出应将食利者利润和非食利者利润区分开来。具体方法是将利润报酬（R）划分为食利者利润收入（R_r）和非食利者利润收入（R_{nr}），分别考察其各自变动对收入分配的总需求效应所产生的影响。本章借鉴这一思路，并结合中国的现实加以适当修正，具体方法如下。

（一）消费需求

考虑要素收入分配的影响，消费需求是收入和工资份额的函数，即 $C=C(Y, \Omega)$。将国民收入分为工资（W）和利润（R），由于工资的平均消费倾向高于利润的平均消费倾向，即 $C_W>C_R$。因此，总收入中工资份额的上升，对居民消费有正的效应。

利用计量回归得到消费的工资收入弹性（e_{CW}）和利润收入弹性（e_{CR}），计算出 W 和 R 的边际消费倾向，进而可以估计 Ω 变动对消费率（C/Y）的边际影响：

$$\partial(C/Y)/\partial\Omega=e_{CW}\times C/W-e_{CR}\times C/R \tag{4-2}$$

进一步细分利润收入，借鉴后凯恩斯主义的方法，将利润（R）划分为食利者利润（R_r）和非食利者利润（R_{nr}）。定义食利者利润份额为（π_r），非食利者的利润份额为（π_{nr}）。假定食利者利润收入边际消费倾向为 C_{R_r}，非食利者利润收入边际消费倾向为 $C_{R_{nr}}$，有 $C_{R_{nr}}<C_{R_r}<C_W$。和 R_r 相比，R_{nr}才是企业真正可以运用进行生产的资金，这部分资金更少用于消费。因此居民消费函数变为：$C=C(Y, \pi_r, \pi_{nr})=f(W, R_r, R_{nr})$。

由此计算出 W、R_r、R_{nr}的边际消费倾向，并进一步得到在 Y 不变的情况下，W、R_r 和 R_{nr}相对份额变动对于居民消费的影响。例如，在 Y 和 W 不变的情况下，R_{nr}转化为 R_r 对消费需求的边际影响为：$\partial(C/Y)/\partial(\pi_r)=e_{CR_r}\times C/R_r-e_{CR_{nr}}\times C/R_{nr}$。

同理，可得到在 Y 和 R_r 不变的情况下，R_{nr}转化为 W 对 C 的边际影响，以及在 Y 和 R_{nr}不变的情况下，R_r 转化为 W 对 C 的边际影响。

（二）投资需求

同理，考察要素收入变动对投资的影响，并进一步细分利润收入，可以得到投资方程：$I = I(Y, \pi_r, \pi_{nr}) = f(W, R_r, R_{nr})$。在博耶尔（Boyer，2000）、斯托克海默和埃德雷尔（Stockhammer and Ederer，2008）等后凯恩斯主义的研究中，随着公司中股东力量的上升，基于短期盈利能力的报酬体系将提高股东目标对管理层决策的影响。由此，更适合于描述收益率对投资影响的变量是π_{nr}而非π，因为π_{nr}代表了公司内部可以调动的资金，直接影响投资决策。

在Y不变的情况下，得到W、R_r和R_{nr}各部分份额的变动对于投资需求的影响。此外，对于投资函数的分析还需注意：一是我们的模型中并没有明确地包含企业负债总量，因而债务对投资的影响通过外生的食利者利润收入中的利息报酬的变化被包含进来；二是本章不会将利率纳入投资函数，这是因为资本的供求水平已经由R_r和R_{nr}衡量，无须通过利率反映。

（三）净出口

按照国际贸易理论，一国的出口函数主要由本国出口产品的价格竞争力和出口目标国的总需求水平决定，而进口函数则由进口价格、国内价格水平和本国的需求水平决定。具体考虑要素收入的变化，首先，工资份额的上升会增加出口企业的名义单位劳动力成本（ULC），进而降低本国出口品的价格竞争力和出口总额；其次，ULC的增加会提高国内价格水平，从而增加进口总额。因此，劳动份额的上升对净出口的影响为正。具体的影响机制如下：

$$\frac{\partial X/Y}{\partial \pi} = \frac{1}{1-\beta_{ulc}} e_{P_xULC} e_{XP_x} \frac{X}{Y} \frac{1}{1-\pi} \tag{4-3}$$

其中，β_{ulc}是ULC对国内价格的影响系数，e_{P_xULC}是ULC对出口价格的影响系数，e_{XP_x}是出口价格对出口额的影响系数，式（4-3）最后两项将弹性系数转换为边际效应。

（四）总需求

假定政府支出不受劳动份额变化的影响，因而要素收入分配的变化对总需求的影响取决于其对于消费、投资和净出口的影响。将要素收入变化对 C、I 和 NX 的影响加总，可得总需求（AD）的核算表达式：$AD = C(Y, \Omega, \pi_r) + I(Y, \Omega, \pi_r) + G(Y) + NX(Y, \Omega, \pi_r)$。

首先，在消费方面，由于工资收入的边际消费倾向高于利润收入，所以劳动收入比重提高对消费将产生扩张效应［$\partial(C/Y)/\partial\Omega > 0$］。其次，投资方面，劳动收入比重提高意味着资本报酬相对下降，因而对投资将产生抑制效应［$\partial(I/Y)/\partial\Omega < 0$］。最后，劳动份额提高会通过降低出口产品竞争力和提高国内价格水平从而减少净出口。总之，劳动收入比重提高对总需求的净效应，取决于其对消费的正效应和对投资和净出口的负效应影响的相对大小。如果总的影响为正（$\partial AD/\partial\Omega > 0$），则总需求为工资领导型；如果总的影响为负（$\partial AD/\partial\Omega < 0$），则总需求为利润领导型，最终的综合效应需要通过实证研究进行检验。同理，进一步细分利润，不同类型的利润如何影响总需求也可以通过实证检验得到。

第四节　实 证 检 验

一、变量的选取和检验

本章所涉及的变量及各变量的描述、定义如表 4－1 所示。计量分析由关于居民消费、投资、净出口多个方程构成。我们使用 1992～2011 年期间的数据，所有变量均采用对数形式。单位根检验结果表明，所有变量均为一阶单整，符合进行协整分析的前提。按照标准计量经济学的方法，我们首先验证了报告的各方程均存在长期协整关系，因此使用约翰森（Johansen，1995）提出的向量误差修正模型（VECM）。在变量间存在长期协整关系的前提下，OLS 估计与 MLE 估计同样可行，但由于 OLS 估计采用了 EG－ADF 两步法，会损失一个样本，因而本章的所有函数的估计以 VECM 结果为主要结论，同时报告 OLS 估计结果作为稳健性检验。

表 4－1　　计量分析变量选择

变量	描述	定义
Y	国内生产总值	—
C	居民消费支出	—
I	资本形成总额	—
G	政府消费支出	—
X	出口总额	—
M	进口总额	—
W	劳动报酬（税后）	税前劳动者报酬－个人所得税×（城镇居民工资收入/城镇居民总收入）－社会保险缴款＋社会保险福利＋社会补助＋其他经常转移
R	资本报酬（税后）	初次分配总收入－劳动者报酬－生产税净额－个人所得税×（1－城镇居民工资收入/城镇居民总收入）－企业部门经常转移净流出
R_r	住户部门资本报酬	住户部门可支配收入－劳动者报酬
R_{nr}	企业部门资本报酬	资本报酬－住户部门资本报酬
P	国内价格水平	居民消费价格指数
P_x	出口价格水平	出口总额/出口总量
P_m	进口价格水平	进口总额/进口总量
Y_f	主要贸易国 GDP	OECD 成员国 GDP 总量，不变价格

注：所有变量均以 1992 年价格衡量，以 CPI 折算。
资料来源：历年《中国统计年鉴》。

二、计量结果及分析

（一）函数估计

在对消费函数、投资函数和净出口函数进行估计前，首先我们将通过协整检验表明各变量之间存在长期的均衡关系。本章所列示的全部VECM回归均利用协整秩迹检验（trace tests）和最大特征值检验（maxmum eigenvalue test）确定VECM模型的协整秩，利用AIC准则确定滞后阶数。估计完VECM模型后，通过LM检验确定残差无自相关；利用JB检验确定残差服从正态分布，最后确定VECM均为稳定系统。

消费函数的估计结果如表4－2所示。从模型1可以看出，劳动报酬每增加1%，消费需求增加1.053%；资本报酬每增加1%，消费需求增加0.1192%，因此，在总收入不变的情况下，将资本报酬转变为劳动者报酬将导致消费需求增加。将利润划分为住户利润和企业利润之后（模型3），工资的消费需求弹性为0.472，住户利润的消费弹性为0.222，企业利润的消费弹性为0.138。所有变量均显著，且R^2值较为理想，模型整体显著性通过F检验。

表4－2　消费函数估计结果

被解释变量	模型1	模型2	模型3	模型4	模型5	模型6
	MLE	OLS	MLE	OLS	MLE	MLE
	Ln C	Ln C	Ln C	Ln C	Ln C	Ln C
Ln W	1.053***	0.905***	0.472***	0.777***	1.014***	1.124***
Ln R	0.119**	－0.011				
Ln R_r			0.222***	0.078	0.232***	
Ln R_{nr}			0.138***	0.021		－0.141***
Ln Y					0.353***	0.055
调整系数	－1.359***		－0.228*		－0.175	－0.102
常数项	－4.722	4.759***	5.465	4.966***	6.908	4.513
AD－R^2值		0.998		0.998		
D－W值		0.970		0.774		
R^2值	0.998		0.994		0.979	0.979
协整秩	1		1		1	1
滞后阶数	4		3		3	3

注：*、**和***分别表示在10%、5%和1%水平上统计显著，下文同。

为了确保回归结果的可靠性，本章对消费函数采用了 MLE 和 OLS 两种估计方法，并改变函数形式以确保对不同生产要素边际消费倾向判断的稳健性。正如我们所推测的那样，在每一个回归方程中，劳动报酬的边际消费倾向都是最高的，住户部门利润次之，企业部门利润最低，这意味着三者对消费需求的拉动作用不同，提高劳动报酬份额、降低企业部门利润份额有助于提高消费需求。

投资函数的估计结果如表 4－3 所示。如回归模型 7 所示，在 Y 不变的情况下，劳动报酬份额（W/Y）的上升对投资需求影响为负。将 R 划分为 R_r 和 R_{nr} 后，W 的长期投资弹性为 0.458，R_r 和 R_{nr} 的长期投资弹性分别为 0.068 和 0.502，但 R_r 系数不显著，因此我们将 R_r 与 R_{nr} 放在不同的模型中再次回归，如模型 10 和模型 11 所示。可以看到，在各回归方程中，R_{nr} 对投资需求的影响系数最大，这与理论预期相符。R_r 的投资效应则低于 W 和 R_{nr}，这表明对总利润进行细分是有意义的，不同主体持有的利润有着不同的投资倾向，住户部门利润对于投资需求的拉动作用有限。

表 4－3　　投资函数估计结果

被解释变量	模型 7	模型 8	模型 9	模型 10	模型 11	模型 12
	MLE	OLS	MLE	MLE	MLE	OLS
	Ln I	Ln I	Ln I	Ln I	Ln I	Ln I
Ln Y	1.073***	0.990***				
Ln（W/Y）	－0.379***	－1.394**				
Ln W			0.458**	0.970***	0.478***	0.579
Ln R						
Ln R_r			0.068	0.207***		0.263
Ln R_{nr}			0.502***		0.614***	0.240
调整系数	－1.114		－0.677	－0.810***	－0.524*	
常数项	－1.849	－1.717***	5.071	3.649	4.578	4.730***
AD－R^2 值		0.993				0.982

续表

被解释变量	模型 7	模型 8	模型 9	模型 10	模型 11	模型 12
	MLE	OLS	MLE	MLE	MLE	OLS
	Ln *I*	Ln *I*	Ln *I*	Ln *I*	Ln *I*	Ln *I*
D－W 值		0.754				0.518
R^2 值	0.991		0.980	0.996	0.984	
协整秩	1		1	1	1	
滞后阶数	4		2	4	3	

对外部需求效应的估计如表 4－4 所示。首先估计劳动份额变化对国内价格水平和出口价格水平的影响（模型 13、模型 14），与理论相符，劳动力成本的增加提高了国内价格水平（P）和出口价格水平（P_x）。其次在模型 15 中，以主要贸易国的 GDP 规模（Y_f）为代表的外部需求对出口影响为正，而相对出口价格水平（P_x/P_m）对出口的影响为负。最后，模型 16 解释了进口函数的影响因素，国内 GDP 规模（Y）越高，表明国内需求越旺盛，进口量也就越大，影响系数为 1.419。

表 4－4　　外部需求方程估计结果

被解释变量	模型 13	模型 14	模型 15	模型 16
	MLE	MLE	MLE	MLE
	P	P_x	Ln X	Ln M
Ln（W/Y）	4.096***	2.023***		
P_m	－0.401***	0.997***		
Ln Y_f			6.709***	
P_x/P_m			－1.359***	0.055
Ln Y				1.419***
调整系数	－0.132	－0.773	－1.028*	－3.446***
常数项	4.877	1.268	－60.35	－5.077
R^2 值	0.835	0.652	0.854	0.957

续表

被解释变量	模型 13	模型 14	模型 15	模型 16
	MLE	MLE	MLE	MLE
	P	P_x	Ln X	Ln M
协整秩	1	1	1	2
滞后阶数	4	4	4	4

（二）边际效应分析

由于上述计量模型中的变量采用了对数形式，因而回归系数代表了弹性效应，若要分析收入分配格局变化对总需求的影响，应将各方程的回归系数放在可比的框架内，因此需要将弹性效应转化为边际效应。具体的转化方法是用 1992 ~ 2011 年各指标的平均值，将弹性系数乘以对应变量的均值，即转化为边际效应。

分别考虑住户利润和企业利润的需求效应，利用 1992 ~ 2011 年各指标的平均值转化为边际效用后，W、R_r、R_{nr}对消费需求的边际效应分别为 0.832、0.802 和 -0.282，符合 $C_{R_{nr}} < C_{R_r} < C_W$ 的理论预期，即工资对消费需求的促进效应最大，住户部门利润的促进效应次之，而企业部门利润对消费需求有抑制效应。W、R_r、R_{nr}对投资需求的边际效应分别为 0.613、0.777、1.338，这同样与后凯恩斯主义的理论假说相符。留存在企业中的利润对投资拉动效应最高、住户部门利润次之、工资的拉动效应最低。

由于要素收入分配对净出口函数的影响机制较为复杂，需要综合模型 13 至模型 16 四个方程的回归结果才能得到结论（见表 4 -5）。根据公式（4 -3），利用从模型 13、模型 14、模型 15、模型 16 得到的回归系数，计算得到工资份额上升对净出口的边际影响为 -0.474，即在总收入不变的情况下，劳动报酬每提高 1 个单位，净出口额将下降 0.474 个单位，与理论预期相符。

表 4 – 5　　净出口边际效应的计算

指标	$1/(1-\beta_{ulc})$	e_{P_xULC}	e_{XP_x}（或 e_{MP_x}）	1/RULC	X/Y M/Y	$\frac{\partial X/Y}{\partial \pi}$
	A	B	C	D	E	H = A × B × C × D × E
出口	0.196	2.023	−1.359	1.890	0.450	−0.458
进口	0.196	2.023	0.055	1.890	0.390	0.016
总计	—	—	—	—	—	−0.474

表 4 – 6 表示工资份额增加对消费、投资、净出口以及总需求等的影响。基准效应是仅考虑 Y 在 W 和 R 之间分配所产生的需求效应；住户部门利润效应是指保持 Y 和 R_{nr} 不变，1 单位 R_r 转化为 1 单位 W 所产生的需求效应；同理，企业部门利润效应是指保持 Y 和 R_r 不变，1 单位 R_{nr} 转化为 1 单位 W 所产生的需求效应；加权效应是指按照 R_r 和 R_{nr} 在 R 的比例，对其各自效应进行加权进而得到的 1 单位 R 转化为 W 所产生的需求效应。

表 4 – 6　　工资、利润对总需求的边际影响

指标	消费	投资	国内需求	净出口	乘数	总需求
	A	B	C = A + B	D	E	F = (C + D) × E
基准效应	0.676	−0.295	0.380	−0.474	1.360	−0.128
住户部门利润效应	0.013	0.045	0.058	—	—	—
企业部门利润效应	1.16	−0.934	0.226	—	—	—
加权效应	0.693	−0.548	0.145	−0.474	1.370	−0.450

综合分析表 4 – 6 的各种效应，我们发现，无论采用何种计算方法，W 份额增加导致的消费需求增加幅度大于投资需求下降幅度，国内需求增加，国内需求体系为“工资领导型”。加入外部需求之后，我国总需求变为“利润领导型”，这是因为 W 份额增加对净出口的负效应非常明显，从而导致总需求下降。具体的边际效应是：1992 ~ 2011 年间，1 单位的工资转化为利润将平均导致消费需求增加 0.676 ~ 0.693 个单位，

投资需求减少 0.295 ~0.548 个单位，净出口需求减少 0.474 个单位，加总后得到内部需求增加 0.145 ~0.380 个单位，总需求将减少 0.128 ~0.450 个单位。由此可知，这段时期我国资本报酬份额的上升对总需求有正效应，对内部需求有负效应。

进一步比较住户利润和企业利润的需求效应，从表 4 –6 可以看出，减少企业利润比减少住户利润对内需拉动幅度更大，由此可知，利润，尤其是企业部门利润过高是抑制我国内需的原因之一。而将住户与企业的利润份额加权之后，得到的基本结论与基准效应一致。

第五节　结论与政策建议

本章借鉴后凯恩斯主义收入分配模型，将国民收入中的资本报酬分为住户利润和企业利润，测算我国初次分配和再分配的要素分配格局，并在此基础上对我国要素收入分配的总需求效应进行了理论分析和实证检验。总体而言，1992 ~2011 年我国初次分配中利润份额不断上升，利润份额上升主要由企业部门利润增加所致，而同期住户部门利润份额则始终在低位徘徊。这表明，我国要素分配格局的变化与经济部门之间的收入分配密切相关，住户部门不仅未得到足够的工资回报，其资本回报也处于较低水平，大量国民收入以留存利润的形式进入企业，经济增长带来的好处主要由企业部门获益。

住户部门收入份额下降不仅不利于居民分享经济增长带来的好处，也对我国的内部需求产生了负面影响。实证结果表明，整体而言，1992 ~2011 年我国的内需体系是“工资领导型”，劳动报酬份额的上升有助于提升总需求。这是因为，我国的劳动者报酬占比不仅远低于多数发达国家和新兴经济体，而且近年来始终呈下降趋势，这就导致增加劳动者报酬带来的边际消费需求增量大于边际投资需求减少量，对总的内部需求将产生正效应。将外部需求纳入模型后，计量回归结果显示劳动者报酬份额上升通过增加劳动力成本进而抑制了净出口，并且这种抑制效应较强，甚至超过了对内部需求的拉动作用。这说明我国的贸易顺差对低成本劳动力的依赖性很强，在劳动力成本上升的预期下，未来我国净出口将受到严重影响，贸易顺差难以维持。

进一步将利润划分为住户利润和企业利润后，我们发现，企业利润份额过高是抑制内部需求最主要的因素。当前我国企业部门利润不断增长，其产生的边际需求拉动效应必然不断下降。由此可以得知，我国的要素收入分配抑制内需的原因包括两方面内容：一是住户部门资本回报过低；二是住户部门劳动报酬过低。这两大原因又可归结为同一个原因，即住户部门收入过低。相应的政策含义是：提升住户部门收入份额，提高劳动者报酬和住户部门的资本回报，对于扩大内需有积极的作用。因此，从扩大内需、降低外贸依存度的目标出发，逐步提高劳动者报酬，增加住户部门利润分配是改善我国要素收入分配格局、促进经济增长的路径之一。

第五章　相对收入与居民幸福感：基于实验经济学的研究

【本章摘要】本章研究在给定绝对收入条件下，居民相对收入状况对居民幸福感的影响①。我们在中国进行了一项经济学实验，实验参与者根据在任务中的相对表现而获得三种不同水平的收入。实验组被告知他们的相对收入，而对照组只知道他们自己的绝对收入。结果发现，在控制了绝对收入等因素之后，有关相对收入的信息增加了高收入群体的满意度，而降低了低收入群体的幸福感。此外，相对收入还会与个体特征（如性别）产生交互作用而影响人们的收入满意度。相对收入显著加剧了收入满意度的不平等，这主要是通过引起不同收入群体之间的社会比较而产生的。我们的研究对如何改进社会福利、降低幸福感不平等具有政策启示意义。

第一节　相关文献回顾及本章研究意义

相对收入已成为经济学或其他与收入、幸福或主观福利有关的社会科学中的重要概念。众所周知的“伊斯特林悖论”描述了这样一种现象，在过去的几十年中，西方国家实际收入的大幅增长并未导致幸福水平相应上升（Easterlin，1974；1995）。这是因为人们不仅从绝对数量的

---

① 本章改写自 Liu，K.，Wang，X. H. Relative Income and Income Satisfaction：An Experimental Study. Social Indicators Research，2017，132（1）：395－409。

收入中获得效用，而且还从与他人相比较的相对收入中获得效用。这已经在经济学和心理学中得到了广泛的证明（Clark et al.，2008；Easterlin，1995；Kimball and Willis，2006）。在现有文献的基础上，本章通过行为经济学实验研究了相对收入对收入满意度的影响以及收入满意度在个体之间的分布状况①。

中国和其他国家的实证研究提供了丰富的证据，表明在绝对收入给定的情况下，个人的相对收入水平会提高主观幸福感。例如，卢特默（Luttmer，2005）的研究表明，居住在平均收入水平较高的社区对个人主观幸福感有负面影响。阿尔皮萨尔等（Alpizar et al.，2005）尝试对人们对相对收入以及对特定商品的相对消费水平的关心程度进行定量测量，他们使用的方法是：如果可以提高相对收入或者相对消费水平，人们愿意拿出多少绝对收入或绝对消费水平来进行交换。

有理由相信，与其他国家相比，社会比较和相对收入可能对中国居民的主观幸福感产生更大的影响，尤其是在最近几十年，中国已经从贫穷国家发展成为一个收入水平中等偏上的国家。在中国传统文化中，收入和财富的不平等分配是不受欢迎的。正如两千多年前哲学家孟子所说："不患寡而患不均"。巴托里尼和萨拉西诺（Bartolini and Sarracino，2015）发现，从1990~2007年，经济增长并没有改善中国人的平均幸福感。从1990~2007年，中低收入群体的生活满意度分别下降了3.4%和14.1%，这主要是由于社会比较的增强和社会资本的下降所致。耐特和古纳蒂拉克（Knight and Gunatilaka，2010）的研究表明，那些从农村迁往城镇的家庭，平均幸福指数低于农村家庭。受到城市中新的参照群体的影响，他们往往渴望较高的成就，这解释了农民工幸福感下降的原因。耐特等（Knight et al.，2009）发现，对于生活在中国农村的人来说，相对收入对个人幸福的重要性至少是绝对收入的两倍。大多数

① 在本章中，我们假设收入满意度（income satisfaction）与幸福（happiness）以及主观福利（subjective wellbeing）高度正相关，我们使用这些词汇时表达的是同一个意思，虽然我们认识到幸福及主观福利可以以不同的方式来衡量。确切地说，我们只在实验研究中衡量了收入满意度。虽然在心理学中，幸福（happiness）是一个比主观福利（subjective wellbeing）更狭义的概念，但经济学家通常将这两个概念视为同义词（Conceicao and Bandura，2008）。

（68%）的受访者表示，他们的主要比较对象是所在村庄的人。此外，较低的主观幸福感会影响一个人的健康水平。例如，林（Ling，2009）的研究表明，农村相对贫困和收入不平等对中国农村老年居民的健康有着显著的影响。

效用函数中的相对收入或相对消费可以影响诸如消费、储蓄、劳动力供给以及互惠行为等经济决策。孙和王（Sun and Wang，2013）研究了相对收入如何影响中国农村地区的消费，他们发现：追求更高的社会地位可以提高消费率。卡罗尔等（Carroll et al.，2000）解释说，在动态环境中，相对收入或相对消费的参照点可能会随着时间的推移而调整，如果这种调整是缓慢进行的，那么随着经济增长，个人将会储蓄更多。诺伊马克和波斯特莱维特（Neumark and Postlewaite，1998）认为，对家庭相对收入的重视是美国女性劳动参与率上升的主要原因。刘凯（2007）将相对收入和相对消费纳入劳动力供给模型来解释中国农民工的均衡工资。

人们之间收入与消费比较的存在表明个人收入与消费存在负外部性，这为政策干预提供了理论依据。莱亚德（Layard，2005）认为，既然居民之间的收入比较会对个体效用和劳动力供给产生影响，那么通过税收政策的调整来适当降低 GDP 增速以提高人们的闲暇水平和主观幸福感则是有道理的。相关的税收和财政支出政策也已被学者们广泛分析（Abel，2005；Boskin and Sheshinski，1978；Dupor and Liu，2003；Layard，2005；Ljungqvist and Uhlig，2000）。考虑到相对收入在效用和个人决策中的重要性，了解相对收入如何以及在多大程度上影响个人幸福是至关重要的。正如卢特默（Luttmer，2005）所阐述的，通常对相对收入与主观幸福感关系的实证分析中可能存在一些问题。例如，生活在富裕地区可能会影响一个人对幸福的定义，即使它不影响一个人真正的或经历过的幸福。由于遗漏变量等原因，这种关系可能是不可信的，实验研究可能有助于解决这一问题。

大多数有关相对收入的实验研究都考察了相对收入如何在涉及社会互动的背景下影响某些行为。例如，肖和比切里（Xiao and Bicchieri，2010）通过实验研究了相对收入比较对互惠行为的影响。他们在一场信任博弈实验中发现，与互惠减少了不平等的情况相比，当互惠违反公平时，更多的受托人拒绝回报投资者的善意。大量研究发现，人们在经济交换中对公平有着强烈的看法，他们的偏好与他们所选取的参照点密切相关（Chen et al.，2006；Kahneman et al.，1986；Smith，1994）。还有大量文献（Bolton and Ockenfels，2000；Fehr and Schmidt，1999）讨论了相对收入和不平等厌恶的关系。人们在大多数情况下不喜欢自己比别人更糟，但在某些情况下，人们纯粹是不平等的厌恶者。正如库珀和卡格尔（Cooper and Kagel，2009）所指出的那样，这些研究通常表明，对于收入不平等而言，其他方面的偏好如何能够解释小组谈判型环境中的实验结果。最近，一些研究通过在线实验研究了财富不平等的可见性如何影响人们对公共产品的贡献意愿，并在社交网络游戏中塑造了财富不平等的动态（Nishi et al.，2015）。

与这组文献相比，我们的研究重点是在不涉及社会交换的情况下，揭示相对收入如何影响个人层面的幸福感。本书的研究目的是通过实验研究来确定相对收入与收入满意度之间是否存在直接的关系，这将为解释涉及社会交换的行为提供更好的见解。我们还研究了通过相对收入效应而产生的满意度不平等，以期望通过研究主观幸福感的不平等帮助增进对社会福利不平等的理解。

我们设计了一个实验，实验对象获得三种不同的收入水平，然后我们分析了他们的收入满意度。通过告知或不告知受试者除他们自己的收入以外的其他可能的收入水平，引入相对收入条件。与相对收入理论相一致，我们发现，在绝对收入和其他因素受到控制的情况下，个人的收入满意度随着相对收入等级的提升而提升。一般而言，相对收入条件的引入降低了低收入者的收入满意度，但增加了高收入者的收入满意度。

相对收入对满意度的影响与个体特征相互作用。对于中等收入群体，引入相对收入对女性和男性满意度的影响是不同的：这种关系对女性是正相关的，对男性则是负相关的。对于中低收入群体来说，对相对收入状况的关注显著降低了满意度。

我们还研究了相对收入对满意度不平等的影响。之前的文献表明，相对收入的差距可能会因为嫉妒而加剧幸福感的不平等（VanPraag，

2011)。“通过跨国分析，一些研究发现收入不平等显著增加了幸福感不平等（Ovaska and Takashima，2010)”贝切蒂等（Becchetti et al.，2014）以及杨等（Yang et al.，2019）也分别通过对德国和中国的调查数据分析发现，相对收入或收入不平等加剧了幸福感不平等。我们发现，在我们的实验中，相对收入是通过不同收入群体之间的社会比较而增加了满意度不平等。在同一等级的收入组内部，人们对收入的满意度则无显著差异。

本章的其余部分安排如下：第二节描述了相对收入实验的实验设计和实验过程；第三节报告了实验结果分析，并基于实验数据、使用计量方法对相对收入与居民幸福感之间的关系进行了定量研究；第四节为研究结果结论及未来研究方向。

第二节　实验设计和实验过程

一、实验设计

该实验旨在复制一个自然的劳动力市场，人们通过完成一项任务来获得收入。根据参与者在任务中的相对表现，他们可以获得三种不同水平的收入。在对照组中，他们只知道自己的绝对收入，而不知道三种可能的收入水平。在实验组条件下，他们被告知三种可能的收入水平（60元、40元、20元）以及他们自己的收入。然后，参与者根据这些信息对自己的收入满意度进行评分。实验设计如表5－1所示。

表5－1　　实验设计

第一阶段	参与者执行一项任务			
第二阶段	按三种收入水平支付	高收入组（60元）	中等收入组（40元）	低收入组（20元）

续表

第二阶段	条件（0）：无相对收入信息	了解自己的薪酬（60元）	了解自己的薪酬（40元）	了解自己的薪酬（20元）
	条件（1）：有相对收入信息	了解自己的薪酬（60元）和三个薪酬水平（60元、40元、20元）	了解自己的薪酬（40元）和三个薪酬水平（60元、40元、20元）	了解自己的薪酬（20元）和三个薪酬水平（60元、40元、20元）
第三阶段	参与者对自己的收入满意程度评分			

为了研究相对收入与收入满意度之间的关系，我们假设参与者完成任务的表现事先与收入满意度无关。① 我们通过任务表现来产生收入差异，给人一种收入是挣来的而不是实验者赋予的感觉。之前的研究人员认为，这更好地反映了现实生活中的情况（Erkal et al.，2011）。我们研究的目的是，在收入来自劳动的前提下，相对收入和绝对收入如何影响收入满意度。

二、实验过程

实验在中国人民大学经济行为实验室进行。参与者都是在校园里通过海报和电子邮件招募的本科生。② 每期实验的实验组和对照组各有24名参与者，每8名参与者根据他们在实验中的相对表现被给予3种收入水平中的一种。在该实验条件下，我们共进行了6期实验，各个收入组

① 这里的收入满意度是一个人对收入的总体态度。由于收入是通过相对表现获得的，所以在本章中，我们没有区分收入满意度是来自于对表现的满意度，还是纯粹来自收入，因为我们认为这两者是紧密相关的。有一种可能是参与者的认知能力决定了任务表现和收入满意度。这个问题与收入不平等的根源有关。一般而言，总体收入不平等可分为两个部分："不公平的不平等"（即由于最初机会的不平等而导致的收入不平等）和"公平的不平等"（即由于个人责任所导致的收入不平等（Checchi et al.，2010）或纯粹的自然机会）。从这个意义上说，为了控制这种可能的影响，一种可行方法是在实验中通过完全随机的收入分配来进行处理。未来的研究可以考虑这种额外的处理，以探讨不同的相对收入来源如何影响收入满意度。

② 与许多实验研究一样，我们的实验对象只占社会的一小部分。因此，本章的研究结果可能只适用于高能力、有竞争力的中国青年人，而不是整个社会。未来的研究可以扩大研究对象的代表性，以检验可能的群体差异。

（60元、40元、20元）共有288名参与者。参与者的年龄从17～22岁不等。女性（53.12%）略多于男性（46.88%）。

实验过程由z-tree软件编制（Fischbacher，2007）。每位参与者坐在电脑前，阅读屏幕上的说明，然后通过电脑不公开地提交自己的答案或决定。他们首先完成一项数学任务，该任务是在尼德勒和韦斯特隆德（Niederle and Vesterlund，2007）的基础上修改而成。我们的受试者没有像尼德勒和韦斯特隆德（Niederle and Vesterlund，2007）实验中那样对5个两位数的数字求和，而是对4个两位数和1个三位数求和。他们被要求用3分钟时间尽可能多地解决这些算术题。在完成数学任务后，参与者被告知他们自己的收入（60元、40元或20元），根据被分配到的实验条件（0或者1），来决定他们是否获得相对收入信息。以下是受试者完成任务后说明书中出现的内容（[ ] 中额外一行的信息只提供给条件1下的实验组）：

你的报酬将由你的表现决定。
[有三种收入水平：60元、40元和20元。][①]
根据你的表现，你的收入是××元。
请给你对收入的满意程度打分。

然后，他们被要求通过电脑对自己的收入满意度打分，分值从1（非常不满意）到5（非常满意）。我们假设，自我报告的收入满意度在个人之间具有可比性。正如弗雷和斯图策（Frey and Stutzer，2002）所指出的，尽管自我报告的主观幸福感存在异质性，但这种异质性是随机的，并不会使回归结果无效。比格尔等（Beegle et al.，2012）通过实证研究证明了弗雷和斯图策（Frey and Stutzer，2002）的观点。

实验结束时，受试者被要求回答一项关于他们个人背景的调查问

---

① 这里3个收入水平的人的比例没有明确，然而，在默认情况下，这三组的比例很可能被解释为相同的，即各占1/3。如果受试者对这一比例有疑问或想法，他们会在实验中问这个问题。实验结束后，我们确实问了一些学生这个问题，他们也持有同样的观点。

卷，包括人口统计信息和对一些与收入满意度有关的问题的态度。调查问卷如下：

（1）与中国普通家庭的平均收入相比，你认为你的家庭收入属于什么水平？（1 =“远低于平均水平”至 5 =“远高于平均水平”）

（2）在过去的一年里你做过什么慈善捐赠吗？

（3）你同意“我在乎别人对我的看法”这句话吗？（1 =“非常不同意”至 5 =“非常同意”）

（4）你是否同意“除了绝对收入，我也关心自己相对于他人的收入？”（1 =“非常不同意”至 5 =“非常同意”）

当我们分析相对收入对收入满意度的影响时，这些问题有助于控制一些个人特征。我们使用的一些个体控制变量，如性别、城乡背景、家庭经济状况等，已经被陈等（Cheng et al.，2014）、梁和王（Liang and Wang，2014）、杨等（Yang et al.，2018）在研究中国主观幸福感时广泛采用。其他变量如年龄、受教育程度、就业状况等没有纳入我们的研究，因为我们的实验对象是大学生，这些变量可以认为已经被控制了。科诺和厄尔利（Konow and Earley，2008）研究了慈善捐赠和幸福感之间的关系。我们将在下一节中描述参与者对上述问题的回答情况。

第三节　实验结果分析：相对收入与居民幸福感

一、描述性统计

我们首先描述一些我们将在回归分析中考虑的变量。表 5 - 2 总结了回归分析所纳入的所有变量的描述性统计，包括全部样本和 3 个收入群体。因变量为 *satisfaction*，表示被试者的收入满意度。*condition* 是我们感兴趣的主要变量（0 = 对照组、1 = 实验组）。其他解释变量包括性别虚拟变量（*gender*）、民族虚拟变量（*ethnicity*）、城乡背景虚拟变量（*rural_urban*）、家庭相对经济状况（*Relative Status*）、去年的慈善经历虚拟变量（*CharityExp*）、多大程度在意他人对自己的看法（*ConcernOpinion*）、多大程度关心自己与他人的相对收入（*Care RI*）。一般而言，受试者倾向于关心他人的意见和他们在社会中的相对收入情况。

表5－2　　描述性统计及不同组别之间平均满意度的差异

项目	全样本		低收入组		中等收入组		高收入组	
描述性统计								
变量	平均值	标准差	平均值	标准差	平均值	标准差	平均值	标准差
satisfaction	3.08	1.21	2.25	1.09	2.93	0.84	4.05	0.92
gender	0.53	0.50	0.63	0.49	0.44	0.50	0.53	0.50
ethnicity	0.91	0.28	0.93	0.26	0.90	0.31	0.92	0.28
rural_urban	0.76	0.43	0.73	0.45	0.76	0.43	0.80	0.40
Relative Status	2.92	0.77	2.86	0.79	2.99	0.76	2.91	0.76
CharityExp	0.77	0.42	0.77	0.42	0.73	0.45	0.80	0.40
ConcernOpinion	3.55	0.92	3.47	0.86	3.66	0.83	3.52	1.05
Care RI	3.65	0.86	3.51	0.78	3.84	0.79	3.60	0.97
平均满意度								
condition = 0	2.99		2.58		2.88		3.50	
condition = 1	3.17		1.92		2.98		4.60	
均值比较 t 检验的 P 值（原假设为 H_0：$Sat\_0 = Sat\_1$）								
H_a：$Sat\_0 > Sat\_1$	0.90		0.00***		0.73		1.00	
H_a：$Sat\_0 < Sat\_1$	0.10		1.00		0.27		0.00***	

注：*gender*（male = 1）、*ethnicity*（Han = 1）、*rural_urban*（urban = 1）、*CharityExp*（yes = 1）分别为性别、民族、城乡背景、慈善经历的虚拟变量。*Relative Status*、*ConcernOpinion* 和 *Care RI* 分别代表家庭的相对经济地位、对他人看法的关注程度和对相对收入水平的关注程度。*Sat_0* 和 *Sat_1* 分别表示条件为 0 和条件为 1 时的平均满意度。

由于较高的相对收入理论上会增加收入满意度，所以我们预计：引入相对收入条件会增加高收入者的满意度，但会降低低收入者的满意度。表5－2中的均值比较t检验结果以及和图5－1均证实了这一点：平均来讲，知晓相对收入对低收入者有降低满意度的作用，但对高收入者有提高满意度的作用。然而，在两种实验条件下，中等收入组的满意度没有显著差异。在下一小节中，我们将控制受试者的个体特征，使用回归分析来进一步研究相对收入的影响。

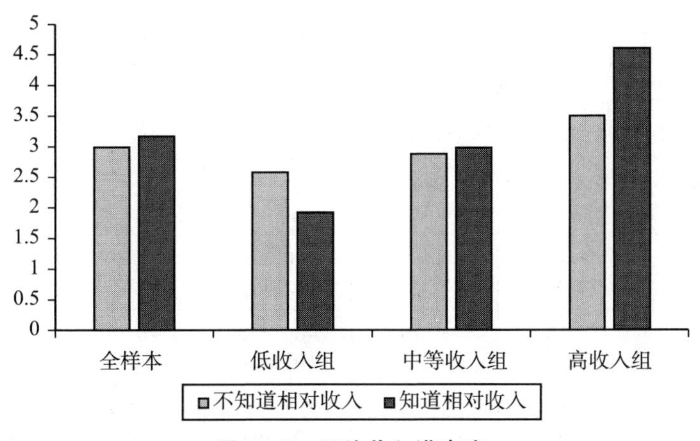

图5－1　平均收入满意度

二、相对收入与收入满意度

由于衡量收入满意度的指标是有大小顺序的，所以我们使用有序Probit模型来估算收入满意度函数。我们将相对收入变量（*condition*）和个人特征作为解释变量。以下方程假设存在一个潜在的幸福感的连续度量 $satisfaction^*$（是变量 *satisfaction* 的潜在变量），它是所有解释变量（包括相对收入变量 *condition* 和所有的控制变量 X）的线性函数加上一个常数项及一个干扰项，并且服从正态分布：

$$satisfaction^* = constant + \alpha \cdot condition + X \cdot \beta + \varepsilon \qquad (5-1)$$

所观察到的有序变量 *satisfaction* 按式（5－2）取1～5：

$$satisfaction = j \Leftrightarrow y_{j-1} < satisfaction^* < y_j \qquad (5-2)$$

其中，$j=1, \cdots, 5$，$y_{-1} = -\infty$，$y_5 = +\infty$

我们的估计结果如表5－3所示。第1列和第2列是针对整体样本的，第 3 ~5 列报告了 3 个收入组的结果。

表 5－3　收入满意度的有序 Probit 回归（全样本和不同收入组的子样本）

变量	(1)	(2)	(3)	(4)	(5)
	全样本	全样本	低收入	中等收入	高收入
	satisfaction	*satisfaction*	*satisfaction*	*satisfaction*	*satisfaction*
condition	0. 310*** (0. 0932)	－0. 134 (0. 571)	－0. 730*** (0. 264)	0. 225 (0. 153)	1. 877*** (0. 209)
income_40	0. 713*** (0. 189)	0. 311 (0. 207)			
income_60	2. 001*** (0. 374)	0. 986*** (0. 186)			
gender	－0. 160 (0. 0985)	－0. 00950 (0. 153)	－0. 201 (0. 196)	0. 0897 (0. 219)	－0. 395* (0. 234)
ethnicity	0. 118 (0. 224)	－0. 0381 (0. 275)	－0. 0719 (0. 706)	－0. 191 (0. 195)	0. 401 (0. 429)
rural_urban	0. 117 (0. 199)	0. 130 (0. 173)	0. 0819 (0. 219)	0. 267 (0. 270)	0. 120 (0. 230)
Relative Status	0. 0346 (0. 0951)	－0. 0264 (0. 0906)	0. 0974 (0. 138)	－0. 332* (0. 182)	0. 0483 (0. 141)
CharityExp	0. 272*** (0. 0808)	0. 445*** (0. 114)	0. 739** (0. 318)	0. 204 (0. 193)	0. 00839 (0. 320)
ConcernOpinion	0. 110* (0. 0640)	0. 0523 (0. 0568)	0. 0122 (0. 163)	－0. 291** (0. 120)	0. 280*** (0. 108)
Care RI	－0. 130** (0. 0645)	－0. 113 (0. 0909)	－0. 198* (0. 113)	0. 0971 (0. 111)	－0. 263* (0. 158)
Interaction with *income_40*		0. 935*** (0. 318)			
Interaction with *income_60*		2. 544*** (0. 426)			
Interaction with *gender*		－0. 329 (0. 212)			
Interaction with *CharityExp*		－0. 156 (0. 191)			

续表

变量	(1)	(2)	(3)	(4)	(5)
	全样本	全样本	低收入	中等收入	高收入
	satisfaction	*satisfaction*	*satisfaction*	*satisfaction*	*satisfaction*
Interaction with *ConcernOpinion*		0.0174 (0.121)			
Interaction with *Care RI*		-0.108 (0.118)			
样本量	287	287	96	96	95

注：*incom*_40 和 *incom*_60 分别为中等收入和高收入的虚拟变量。第 2 列中的交互项变量是指变量 *condition* 和相关变量之间的交互项。括号中的标准误是基于实验组别的稳健群集标准误（clustered standard errors）（整个实验过程包括 12 组实验）。*** 、** 和 * 分别表示 1%、5% 和 10% 水平的显著性。

如表 5 -3 第 1 列所示，对于整体样本，相对收入提高了平均收入满意度。中等收入和高收入的虚拟变量（*income*_40 和 *income*_60）的显著影响表明，绝对收入是满意度的一个重要决定因素：平均而言，收入越高的人越感到满意。慈善经历对收入满意度有正向影响。① 在我们的样本中，大约 77% 的参与者有慈善经历。第 1 列还显示，无论参与者是否被告知他们的相对收入，那些更关心他们在社会中相对地位的人其收入满意度要低一些。

在表 5 -3 的第 2 列中，我们加入了可能影响收入满意度的相对收入变量与个人特征之间的交互作用。这样处理是考虑到不同类型的人可能以不同的方式受到相对收入的影响。例如，对于中等收入群体而言，相对收入信息可能增加一些人的满意度，降低其他人的满意度。这是因为，这个群体可以从两个方向来选择他们的参照点：向上比较或向下比较。结果表明，对整体样本而言，除了与收入哑变量的交互性之外，其他所有交互项均不显著。在控制了相对收入变量与收入哑变量的交互项后，相对收入变量这一项变得不显著了，这说明相对收入效应对不同收

① 参与慈善可能不是收入满意度的外生因素，也可能存在内生性问题。然而，我们在本章中使用的变量是“过去一年的慈善经历”；这种滞后变量可以缓解可能存在的内生性问题。

入群体的影响机制可能不同。收入哑变量交互项的显著性与表 5－3 中第 3～5 列的结果一致：分组回归结果进一步证明了相对收入对 3 个收入群体的影响方式的确不同。

表 5－3 中的第 3～5 列报告了 3 个收入组子样本的回归结果。对于低收入群体而言，相对收入对收入满意度的影响为负。这与我们的预测是一致的。考虑到他们的绝对收入，知道他们的收入水平处于排行榜的底部是令人痛苦的。慈善经历对收入满意度的影响显著为正。

对于中等收入群体而言，相对收入对满意度没有显著影响。这可能是因为他们的相对收入处于中等水平，与上层和下层群体比较的效果相互抵消。家庭相对经济状况和对他人看法的态度对满意度均有显著的负向影响。较高的家庭经济地位和对他人看法的强烈关注，会使中等收入者对其收入的满意度下降。

对于高收入群体而言，平均来说，相对收入对满意度的影响为正且影响程度较高。有趣的是，在高收入人群中，女性比男性有更高的满意度。而关注他人的看法能提高收入满意度，这与中等收入群体的结果不同。

相对收入对高收入群体的强正向效应和对低收入群体的负向效应，使对全样本而言相对收入的净社会福利效应为正。这一点在表 5－2 中有所体现（*condition* = 1 时平均收入满意度为 3.17，比 *condition* = 0 时的平均收入 2.99 要大），表 5－3 第 1 列中变量 *condition* 的系数为正也可进一步证实（系数为 0.31 且在 1% 的水平下显著）。

然后，我们分别估计了 3 个收入群体的相对收入与其他因素之间的交互作用。我们认为这样的分样本回归是有意义的，因为这 3 组参与者所选择的比较参照点可能不一样。结果如表 5－4 所示，我们只报告了相对收入变量以及各种交互项的系数，我们控制的解释变量与之前的回归模型相同。为了节省空间，我们省略了那些不显著的结果。

表 5-4　按收入组别划分的交互效应（有序 Probit 模型估算结果）

变量	(1)	(2)	(3)	(4)	(5)
	中等收入	高收入	高收入	低收入	中等收入
	satisfaction	*satisfaction*	*satisfaction*	*satisfaction*	*satisfaction*
condition	0.567** (0.268)	1.225*** (0.395)	0.204 (0.653)	0.735 (0.623)	1.391** (0.682)
Interaction with *gender*	-0.779* (0.433)	NS	NS	NS	NS
Interaction with *CharityExp*	NS	0.838* (0.491)	NS	NS	NS
Interaction with *ConcernOpinion*	NS	NS	0.492*** (0.161)	NS	NS
Interaction with *Care RI*	NS	NS	NS	-0.418** (0.183)	-0.303* (0.164)
控制变量	是	是	是	是	是
样本数	96	95	95	96	96

注：控制变量与表 5-3 中基准模型的控制变量相同。“NS”表示对应的结果不显著。括号中的标准误是基于实验组别的稳健群集标准误（clustered standard errors）。*** 、** 和 * 分别表示 1% 、5% 和 10% 水平的显著性。

表 5-4 第 1 列显示，中等收入群体的相对收入与性别的交互项显著为负。这表明，在中等收入群体中，当女性知道自己的相对收入时，她们比男性更为满意。因为中等收入群体可以向上比较也可以向下比较，这个结果表明：中等收入群体的女性往往将她们自己与低收入群体比较，因此往往有较高的收入满意度。而男性可能与高收入者比较，因此感觉并不满意。这可能是由于在中国的社会习惯中，男性通常在家庭中承担主要的经济责任，男性受试者可能对他们的相对收入状况更为敏感，也更有可能攀比。

表 5-4 第 2 列表明，慈善经历与相对收入的交互项对高收入者的收入满意度有正向影响。当有关相对收入的信息被披露时，有过慈善经历的高收入者对自己的收入更满意，可能是因为这些人对低收入者更同情，因此对自己较高的相对收入更满意、更知足。在高收入群体中，相

对收入信息增加了更在意他人意见的人的收入满意度。

对于低收入和中等收入群体来说，如果他们平常在日常生活中对相对收入就有强烈关注，那么相对收入信息会显著降低他们的收入满意度。

三、相对收入与满意度不平等

与收入不平等不同，主观幸福感的不平等很难直接通过转移支付或其他财政政策加以调整。一些研究人员建议用幸福感不平等来反映社会不平等（Veenhoven，2005）。在某种意义上，决定社会和谐程度是幸福感的不平等，而不是收入的不平等。这在中国似乎尤为重要，因为中国经历了快速但不平衡的经济增长。中国综合社会调查数据显示，从2003～2012年，幸福感不平等（以幸福感方差衡量）有所上升（Yang et al.，2018）。我们的实验主要揭示了社会比较是否会加剧幸福感不平等。如果相对收入影响幸福感不平等，那么关于相对收入的信息可以作为调节主观幸福感不平等的中介工具，其他一些研究就财富可见性提出了类似观点（Nishi et al.，2015）。

为了分析收入满意度不平等，我们使用一种被称为再中心化影响函数（recentered influence function，RIF）回归的方法来评估满意度方差等分布统计量如何随着解释变量（如相对收入信息、性别和其他控制变量）的边际变化而变化。菲尔波等（Firpo et al.，2009）提供了关于RIF 回归方法的理论细节。通过方差或基尼系数来评估主观幸福感不平等，需要假设自我报告的主观幸福感是基数变量（cardinalvariable）而不是序数变量（ordinal variable）。贝凯蒂等（Becchetti et al.，2014）指出，在社会科学中，序数变量经常被视为基数变量来处理，并且一些研究证明，将主观幸福感视为基数或序数在回归框架中可获得相似的结果。卡尔米恩和维恩霍温（Kalmijn and Veenhoven，2005）指出，基尼系数指标是为衡量“容量”（如收入）的变量而设计的，不适用于衡量“强度”（如幸福或满意度）的变量。方差和标准偏差更适合于测量满意度不平等。与贝凯蒂等（Becchetti et al.，2014）类似，我们使用满意度的方差来衡量满意度不平等。

我们首先按照不同收入群体以及是否知道相对收入信息来逐一计算收入满意度的方差，如表5－5所示，结果表明，相对收入信息提高了整体样本的收入满意度不平等。具体来说，相对收入信息在一定程度上缩小了3个收入群体内部的收入满意度不平等，但扩大了不同群体之间的方差差距。其次，我们使用RIF回归对这些结果进行计量经济学评估。

表5－5　各收入组和不同实验条件下收入满意度方差

条件	所有收入组	低收入组	中等收入组	高收入组
条件＝0	1.04	1.19	0.79	0.72
条件＝1	1.88	0.98	0.62	0.37
所有	1.46	1.19	0.71	0.85

对应于群体满意度方差，个体RIF值为$(y_i-u)^2$，其中y_i为个体收入满意度，u为整个样本的平均满意度。因此，RIF值衡量每个个体的满意度与样本均值的偏离程度。然后，我们对解释变量（与收入满意度函数中包含的变量相同）进行个体RIF值的回归。在表5－6中，我们报告了整体样本和3个收入组分样本的RIF回归结果。①

表5－6　收入满意度不平等的RIF回归

变量	(1)	(2)	(3)	(4)
	全样本	低收入	中等收入	高收入
	RIF	RIF	RIF	RIF
condition	0.816*** (0.174)	－0.210 (0.314)	－0.222 (0.227)	－0.272 (0.272)
*income*_40	－1.220*** (0.217)			

① 借鉴那些涉及RIF方法文献中的做法，在表5－6中，我们不包括在表5－4中出现的交互项，因为没有明确的说法可以解释这些交互项会对满意度不平等产生影响。我们也曾在回归方程中加入这些交互项进行了尝试，但的确没有发现显著的结果。

续表

变量	(1)	(2)	(3)	(4)
	全样本	低收入	中等收入	高收入
	RIF	RIF	RIF	RIF
income_60	-0.0819 (0.213)			
gender	-0.106 (0.178)	0.0234 (0.326)	-0.352 (0.229)	0.325 (0.263)
ethnicity	0.252 (0.307)	-0.970* (0.581)	0.490 (0.368)	-0.131 (0.473)
rural_urban	0.156 (0.227)	0.273 (0.393)	-0.134 (0.285)	-0.0966 (0.372)
Relative Status	0.0141 (0.126)	0.259 (0.227)	-0.00627 (0.163)	-0.183 (0.191)
CharityExp	-0.328 (0.208)	0.125 (0.360)	-0.329 (0.256)	0.389 (0.338)
ConcernOpinion	0.0869 (0.0996)	0.0162 (0.193)	-0.103 (0.153)	-0.165 (0.130)
Care RI	0.137 (0.108)	0.104 (0.204)	0.176 (0.160)	0.326** (0.139)
Constant	0.579 (0.667)	0.697 (1.203)	0.579 (0.942)	0.628 (0.918)
样本数	287	96	96	95
R^2	0.199	0.069	0.090	0.127

注：括号内为标准误。***、**和*分别表示1%、5%和10%水平的显著性。

在全样本中，影响收入满意度不平等的只有绝对收入和相对收入两个因素。相对收入显著增加了满意度不平等。这与图5-1和表5-2中所示的结果一致：因为相对收入对低收入者具有降低满意度的影响，对高收入者具有提高满意度的影响，而对中等收入者没有显著影响，3个群体之间的不平等自然会增加。由于绝对收入效应的存在，增加中等收入者的人口比例将显著减少满意度不平等，这意味着，增加中产阶级的比例可以同时减少收入不平等和主观幸福感不平等。

在低收入群体中，收入满意度的不平等随着汉族人口比例的增加而缩小。这在10%的水平上是显著的。在中等收入群体中，满意度不平等程度较低，不受我们所考虑因素的影响。在高收入群体中，“对相对收入情况的关注”这一变量（*Care RI*）加剧了收入满意度的不平等。

综上所述，相对收入显著增加了整个样本的收入满意度不平等，但是在3个收入群体中的任何一个中都不存在这种影响。这意味着，相对收入信息通过影响不同收入群体之间的社会比较，影响了整个社会的满意度不平等。

四、稳健性检验

我们使用有序Logit模型替代有序Probit模型来估算收入满意度函数，以检验表5-3和表5-4中的估计结果是否对使用的回归方法敏感。结果表明，我们在前几节中所报告的主要结果是稳健和可靠的。

第四节　结论及未来研究方向

本章通过实验研究探讨了相对收入与收入满意度之间的关系。与以往的实证研究相比，我们的实验建立了相对收入与收入满意度之间的直接联系。在控制绝对收入和其他决定因素的情况下，我们研究了相对收入对收入满意度水平及收入满意度不平等的影响。

与之前的相对收入理论相一致，我们发现个体相对收入状况的改善会增加他们的幸福感。具体而言，相对收入信息降低了低收入者的收入满意度，增加了高收入者的收入满意度。给定绝对收入和相对收入状况，有过慈善经历的人会感到更加满意。在高收入群体中，女性比男性更满意。此外，相对收入对收入满意度的影响与个体特征有关。例如，对于中等收入群体，当揭露相对收入信息时，女性对收入的满意度高于男性。

我们还使用RIF回归研究了收入满意度的不平等。我们发现，虽然相对收入显著增加了满意度不平等，但增加中等收入者的比例可以显著降低收入满意度不平等。相对收入对单个收入群体（低收入群体、中等收入群体、高收入群体）内部的幸福感不平等都没有显著影响。这意味着相对收入对满意度不平等的影响主要是通过对不同收入群体之间社会比较的影响而实现的。这意味着收入不平等是影响主观幸福感不平等的主要因素。

本书基于一个经济学实验，研究了相对收入对个人收入满意度以及主观幸福感不平等的影响。虽然我们的研究结果与之前关于相对收入对经济行为影响的研究结果基本一致，但我们的实验设计能够明确识别出相对收入与主观幸福感之间的关系。未来的研究可以在本章的基础上进行以下扩展。第一，可以研究不同收入来源或不同激励机制所产生的收入差异如何影响主观幸福感及其不平等。第二，可以利用参与者互动的实验，如礼物交换博弈（Gachter and Thoni，2010），来研究相对收入信息对涉及交换的满意度的影响。第三，有关相对收入的信息也可以被视为影响居民主观幸福感及其不平等的政策工具，可以通过设计实验来研究有关相对收入和类似信息的披露可能会对社会产生什么样的消极或积极影响。

第六章　居民幸福感的分布与不平等

【本章摘要】2009 年之后中国由中等偏下收入国家上升为中等偏上收入国家，中国居民的幸福感不平等随之扩大①。本章基于 2003～2015 年中国综合社会调查（CGSS）数据，追踪研究了 2009 年前后中国居民幸福感不平等的演变趋势及其影响因素。我们发现，收入差距以及中年人口比重的扩大会增加中国居民幸福感的不平等。提供就业则能够降低幸福感不平等。通过分解不同时期幸福感不平等，我们发现幸福感不平等扩大主要是系数效应带来的，即影响幸福感的因素与幸福感的关系发生了显著变化。在系数效应中，区域异质性起主要作用。改善经济增长和居民受教育水平、降低收入不平等和区域不平等有利于减轻幸福感不平等、增进社会和谐。

进入 21 世纪以来中国经济与社会经历了深刻的变化。不平等问题成为中国社会发展面临的重大挑战。2013 年，全国居民收入基尼系数为 0.473，已经超过了大多数发达国家。② 然而，收入不平等只是不平等的一个维度，而且收入不平等可以在一定程度上通过收入再分配来缓解。

在收入不平等之外，其他维度的不平等问题也许更应该引起人们的关注。其中，居民幸福感不平等问题在近年来引起了越来越多的关注

① 本章根据杨、刘和章（Yang，Liu and Zhang，2019）发表在期刊 Journal of Happiness Studies 上的文章“Happiness Inequality in China”改写。

② 资料来源：美国中央情报局网站。

（Ott，2011；Gandelman and Porzecanski，2013；Becchetti et al.，2014）。与收入不平等相比，主观幸福差距很难通过转移支付进行重塑。一般认为幸福感不平等不利于社会凝聚力。参与反社会运动的回报可以用参与者与不幸福人群的幸福差距来衡量（Guimaraes and Sheedy，2012）。对幸福感不平等及其影响因素的研究有利于增强社会凝聚力与社会和谐。因此，幸福感不平等可能是中国面临的一大挑战。本章将从实证方面对中国幸福感不平等问题进行研究。

本章基于中国综合社会调查（CGSS）数据（2003～2015 年），[①] 研究了 2003～2015 年中国居民幸福感不平等的演变趋势及其影响因素。我们回答了以下三个问题：（1）中国居民幸福感不平等状况如何，怎样随着时间演变；（2）影响幸福感不平等的主要因素是什么；（3）中国居民幸福感不平等的趋势性变化是由于影响因子本身的分布发生了变化，还是影响因子与幸福感之间的函数关系发生变化？

我们发现随着中国在 2009 年步入中等偏上收入国家，中国居民的幸福感不平等程度提高了，这似乎与克拉克等（Clark et al.，2012）的研究不一致。他们的研究显示，收入不平等随人均 GDP 的增长呈上升趋势，但人均 GDP 提高有利于缩小幸福感不平等。我们的研究结论与中国的近邻——日本的情况也不一致（Niimi，2018）。利用最新发展的分布回归方法——再中心化影响函数（RIF）回归（Fortin et al.，2012），我们研究了幸福感不平等的影响因素。我们发现，随着收入水平提高，幸福感不平等程度下降了。相反，收入不平等加剧、贫困与富裕人群的相对比例提高会显著提高幸福感不平等。从婚姻状况看，单身人群占比增加会增加幸福感不平等。居民拥有工作可以减少幸福感不平等。其他人口统计特征也会影响幸福感不平等程度，如中年人口增加会加剧幸福感不平等程度。

对比时期 1（2010～2012 年）与时期 0（2003～2006 年）幸福感分布的变化，我们发现幸福感不平等程度增加了约 12%（依据标准差衡量）。我们使用分解方法比较了两个时期幸福感不平等增加的原因。幸

---

① CGSS 数据由中国人民大学中国调查与数据中心实施，http：//cgss. ruc. edu. cn。

福感不平等扩大主要是系数效应带来的，即影响幸福感的因素与幸福感的关系发生了显著变化。在所有系数效应中，省份虚拟变量对幸福感不平等增加的影响最明显。欠发达省份的幸福感不平等程度显著较高。在2009年之后，中国经济进入新的发展阶段。中国的人均GDP从2009年的3 800美元上升至2015年8 000美元，[①] 这标志着中国从中等偏下收入国家升入中等偏上收入国家。幸福感不平等加剧与中国经济与社会的巨变不无关系。

我们的研究为减少幸福感不平等、增进社会和谐提供了一定的政策建议。经济发展状况和教育的改善以及收入和地区不平等的缩小有利于减轻幸福感不平等、增进社会和谐。改善人口结构与维护婚姻稳定的政策也有类似效果。

本章对已有研究的贡献主要在三个方面。第一，尽管已有文献分析了中国幸福感的决定因素，但没有对幸福感的分布进行研究。在国内的文献中，我们首次研究了中国居民幸福感不平等及其动态变动。第二，作为最大的发展中国家，中国十分重视不平等问题。幸福感不平等是构成不平等的一个重要维度，本章丰富了中国幸福感不平等研究的文献。虽然已有对美国、日本和德国的研究，但中国幸福感不平等问题的研究仍有待进行。第三，随着中国在2009年从中等偏下收入国家升入中等偏上收入国家，中国幸福感不平等程度有所扩大。本章试图分析得出2009年之后造成幸福感不平等加剧的原因。

本章的剩余部分这样安排：第一节回顾了相关文献对幸福感不平等的研究；第二节描述了本章所使用的数据及其描述性统计；第三节介绍了本章使用的研究方法；第四节分析了幸福感差距和幸福感不平等的原因，并利用分解方法研究了幸福感不平等扩大的原因；第五节是简要结论与相关政策建议。

---

① 资料来源：世界银行官网，http：//data. worldbank. org/indicator/NY. GDP. PCAP. CD.

第一节 相关文献回顾

对“幸福”问题的研究增长迅速。如何度量、分析幸福在社会科学中越来越重要。大多数研究着眼于幸福水平的高低而非幸福的不平等，特别是着眼于收入与GDP能否提高幸福的问题（伊斯特林悖论）。

近期，研究者越来越关注幸福感不平等问题。平均幸福水平的高低并不能说明幸福感的分布是否合理。幸福感不平等通常以样本群体对生活满意度的标准差来表示。作为度量幸福感的新指标，幸福感不平等在反映人们生活满意度差异性上的表现比收入不平等更强（Goff et al.，2016）。收入不平等以及其他许多因素可能造成幸福感不平等（Helliwell et al.，2016）。甘德尔曼和波兹坎斯基（Gandelman and Porzecanski，2013）发现，收入不平等只能解释一部分的幸福感不平等，应当更重视其他非货币因素所起的作用。总体而言，大多数国家的幸福感不平等状况正在恶化。根据《世界幸福感报告》（*World Happiness Report*），对比2005～2011年与2012～2015年两个时段，只有1/10的国家其幸福感不平等程度降低了，超过一半的国家的幸福感不平等程度显著扩大了。

幸福感不平等的调查与研究在发达国家更为深入。史蒂文森和沃尔弗斯（Stevenson and Wolfers，2008）利用美国综合社会调查（general social survey，GSS）调查数据的研究表明，虽然美国平均幸福感较为稳定，但幸福感不平等在近数十年来有所下降。克拉克等（Clark et al.，2016）通过分析一些富裕且经济持续增长国家的幸福感不平等变化，发现人均GDP增长的国家幸福感不平等程度在缩小。伊夫切尔和扎尔加未（Ifcher and Zarghamee，2016）的结论与之类似。克拉克等（2016）认为，随着收入提高，公共物品供给的增加有利于缩小主观幸福感差距。马登（Madden，2011）、杜塔和福斯特（Dutta and Foster，2013）、贝凯蒂等（Becchetti et al.，2014）以及新见（Niimi，2018）根据调查数据、采用不同的方法分析了爱尔兰、美国、德国与日本的幸福感不平等。

对世界各国幸福感不平等问题的研究已有较多，但是中国幸福感不平等问题却鲜有人问津。现有文献主要利用调查数据研究了中国居民幸福水平的决定因素。结果发现，相对与绝对收入增长提高了幸福水平（官皓，2010；王鹏，2011）。就业状况、健康、性别、户口、是否为共产党员以及居住地对幸福感也有显著的影响（罗楚亮，2006；Appleton and Song，2008；Asadullah et al.，2018；Jiang et al.，2012）。对于城市居民而言，城市规模、金融状况、房价、腐败与环境等区域特征均影响幸福感水平（孙三百等，2014；He and Pan，2011；林江等，2012；He and Lu，2011；Luechinger，2010；Levinson，2012；Cheng et al.，2018）。尼尔森等（Nielsen et al.，2010）研究了进城务工人员的主观幸福感。他们发现，虽然进城务工人员生活艰辛，他们的幸福感仍处在主观幸福平衡理论（theory of subjective wellbeing homeostasis）所预测的正常水平之内。

据我们所知，本章是第一个深入探讨中国 2003～2015 年居民幸福感分布状况的研究。与贝凯蒂等（2014）以及新见（2018）的研究一致，我们采用新的分布回归方法——RIF 回归分析影响中国幸福感不平等的因素。我们也考察了中国不同时期幸福感不平等的演进，并试图找出 2009 年后造成中国幸福感不平等加剧的因素。

第二节　数据及其描述性统计

一、中国居民幸福感数据与分布

CGSS 数据来自中国人民大学与香港科技大学共同进行的横截面调查。2003～2006 年样本（2004 年未进行调查）通过多段分层抽样获得，包括 5 900 户城市住户与 4 100 户农村住户。2008 年，CGSS 使用 2005 年 1% 全国人口抽样调查数据作为样本框，样本容量为 6 000 个。2010 年之后采用多段分层抽样，包括 12 000 户住户。本章我们使用 2003～

2015 年（不包括 2008 年）的调查数据，共有 75 800 个观测值（排除缺失值）。由于抽样方法差异和样本容量不足，我们不使用 2008 年的数据。

幸福感数据根据问题“一般而言，你是否认为自己幸福”的回答获得。选项包括 1（非常不幸福）、2（不幸福）、3（一般）、4（幸福）、5（非常幸福）。在此需要解释两个问题。第一，本章假设主观幸福感是可比较的。这个假设是否合理呢？第二，是否可以根据有序的主观幸福感计算方差或基尼系数以衡量幸福感不平等？针对第一个问题，弗雷和司徒泽（Frey and Stutzer，2002）认为主观幸福感虽存在异质性，但由于异质性是随机的，因此不会影响回归的有效性。比格尔（Beegle et al.，2012）通过实证研究验证了弗雷和司徒泽（2002）的结论。对于第二个问题，贝凯蒂等（2014）指出，在社会科学中，序数变量常常可视为基数变量，一些研究指出无论视幸福感为基数或序数，回归结果都是相似的（Ferrer-i-Carbonell and Frijters，2004）。

除了幸福感，调查也收集了性别、年龄、教育、婚姻、家庭收入、主观经济状况、城市、是否拥有房产、就业、子女数量、是否为共产党员、主观社会平等度等信息。

CGSS 数据被广泛用于研究中国经济与社会问题，如消费与房产持有期选择问题（Huang and Yi，2010），新兴中产阶级与法制问题（Wang and Vander Weele，2011；Chyi and Mao，2012）。陈等（Cheng et al.，2014）采用 CGSS 数据分析城市本地居民、一代移民、新生代移民的幸福差异与工作满意度。他们发现，即使新生代移民相比第一代移民收入更高，新生代移民对工作和生活的满意度却更低。对中国居民幸福感的深入研究发现，教育条件、医疗条件以及社会保障体系的城乡差距是造成城乡生活满意度差异的重要原因（Liang and Wang，2014）。也有研究分析员工在企业中的参与度对工人幸福感的影响（Cheng，2014）以及配偶性格对幸福感的影响（Qian and Qian，2015）。

表 6 - 1 给出了 2003 ~ 2015 年居民幸福感数据的分布状况。与卡尔米恩和维恩霍温（Kalmijn and Veenhoven，2005），克拉克等（2012）、贝凯蒂等（2014）以及新见（2018）等的研究一致，本章以标准差

（或方差）度量幸福感不平等。随着 2009 年后居民平均幸福感的上升，幸福感的方差也呈现一定的增加趋势。“非常不幸福”与“不幸福”的占比逐年变化不大，但是幸福感分布的中间部分（“一般幸福”）占比从 2003 年的 49.8% 下降至 2012 年的 15.5%。与此同时，“幸福”和“非常幸福”的比例快速上升，“幸福”的占比由 2003 的 32.3% 上升至 2012 年的 59.9% 再至 2015 年的 60%，几乎翻了一番。2009 年前后似乎出现了结构性变化，然而 2012 ~ 2016 年间幸福感的方差和分布并未出现大的变化。

表 6 - 1　　2003 ~ 2015 年部分年份中国居民幸福感的分布

年份	1 =“非常不幸福”（%）	2 =“不幸福”（%）	3 =“一般幸福”（%）	4 =“幸福”（%）	5 =“非常幸福”（%）	样本容量（个）	均值	方差
2003	2.3	10.5	49.8	32.3	5.1	5 870	3.274	0.648
2005	1.4	7.7	45.1	40.1	5.7	10 336	3.410	0.594
2006	1.0	6.7	46.1	40.6	5.6	10 151	3.429	0.551
2010	2.1	7.7	17.7	56.6	15.9	11 648	3.766	0.779
2011	1.8	6.5	11.2	60.2	20.4	5 174	3.897	0.752
2012	1.4	7.1	15.5	59.9	16.1	10 737	3.808	0.714
2013	1.6	7.4	18.7	58.5	13.8	11 223	3.755	0.704
2015	1.3	6.3	14.7	60.0	17.8	10 710	3.867	0.674

注：表中 2003 ~ 2015 年期间部分年份数据缺失的原因是该年份未进行调查或该年份调查数据因抽样方法不同或样本数量不足而舍弃。

那么中国居民的幸福感及其不平等水平与世界其他国家相比处于何种状况呢？世界价值观调查（World Valnes Survey，WVS）中就有对于居民幸福感状况的调查。通过分析最近一次 WVS 的调查数据可以发现，如表 6 - 2 所示，从均值上来看，中国居民的幸福感水平低于世界平均水平，也低于许多国家。但中国幸福感不平等水平同样也低于世界平均水平，尽管美国、德国等老牌发达国家的平均幸福感较高，但是其幸福感不平等问题比中国更加严重①。

表 6－2　　幸福感不平等的国际比较

指标	世界	中国	美国	德国	瑞典	俄罗斯	日本	新加坡	印度	巴西
平均值	3.141	3.006	3.263	3.090	3.369	2.898	3.216	3.305	3.100	3.260
标准差	0.743	0.585	0.641	0.642	0.584	0.665	0.652	0.614	0.828	0.626
基尼系数	0.121	0.090	0.099	0.101	0.087	0.115	0.102	0.093	0.139	0.096

资料来源：世界价值观调查（WVS）2010～2014 年数据。

二、描述性统计

过去一二十年，中国发生了巨大变化。中等偏上收入国家可能面临许多经济与社会问题的挑战，这些挑战可能会显著影响居民的主观幸福感。中国社会的人口结构也发生了巨大变化。据全国老龄工作委员会办公室发布的《2010 年度中国老龄事业发展统计公报》显示，2010 年，60 岁以上的老龄人口达 1.78 亿人，约占总人口的 13.26%。而 1982 年，老龄人口比例仅 7.62%。同时，0～14 岁人口所占的比重则由 33.59%减至 16.6%。2009 年后，中国居民住房价格也大幅提高。图 6－1 表明，2010～2012 年与 2003～2006 年相比，居民幸福感的方差增加了很多。

我们分别定义 2013～2015 年、2010～2012 年和 2003～2006 年为时期 2、时期 1 和时期 0。表 6－3 对两个时期的变量进行了相关描述统计。变量详情见附录表 A2。如表 6－3 与图 6－1 所示，时期 2 与时期 1 呈相似特征。因此，我们主要对比时期 1 与时期 0 的差别。后文的稳健性检验中，我们将从实证角度检验时期 2 与时期 1 的差别，并证实两者的差别不大。从性别占比来看，样本中受访者男女比例基本各占一半。从年龄来看 2003～2006 年 24 岁以下年轻人占比为 9%，25～34 岁人群占比 19%，35～44 岁占比 27%，45～54 岁和 55 岁以上占比分别约为

① 由于 WVS 与 CGSS 调查不同，表 6－1 与表 6－2 中的中国数据不可直接比较。

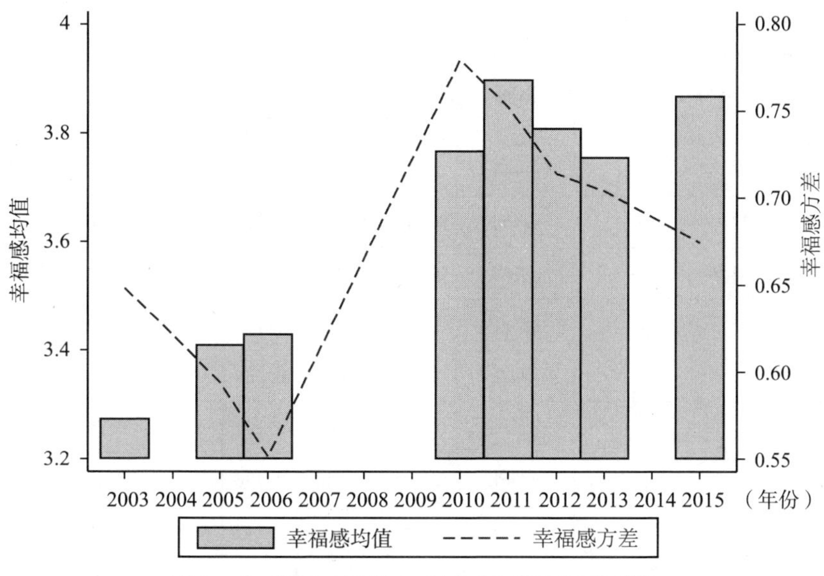

图 6－1　2003～2015 年中国幸福感不平等状况

22% 和 23%。与之相比，2010～2012 年老龄人口比重相对增加。从受教育水平看，2010～2012 年与前一期相比，未受教育者占比有所增加，初高中占比相对下降，分别由 2003～2006 年的 32% 和 25% 下降为 29% 和 19%。大学及大学以上占比有所增加。从家庭收入来看，家庭收入显著增加，平均家庭年收入从 23 102 元增加至 45 229 元。从是否拥有自有产权来看，2010～2012 年受访人群中拥有房屋产权人数占比下降。有工作的人数占比也相对下降。

表 6－3　　主要变量的描述性统计

变量	符号	2003～2006 年		2010～2012 年		2013～2015 年	
		均值	标准差	均值	标准差	均值	标准差
幸福感	*happiness*	3.387	0.770	3.813	0.860	3.808	0.831
性别（女性＝1）	*gender*	0.529	0.499	0.480	0.500	0.514	0.500
年龄小于 24 岁	*age*24	0.091	0.288	0.041	0.199	0.072	0.258
年龄 25～34 岁	*age*34	0.192	0.394	0.116	0.320	0.142	0.349

续表

变量	符号	2003～2006年		2010～2012年		2013～2015年	
		均值	标准差	均值	标准差	均值	标准差
年龄35～44岁	*age44*	0.268	0.443	0.207	0.405	0.182	0.385
年龄45～54岁	*age54*	0.216	0.411	0.226	0.418	0.207	0.405
年龄55～64岁	*age64*	0.233	0.423	0.403	0.490	0.397	0.489
未上过学	*educ1*	0.089	0.285	0.133	0.339	0.132	0.339
小学	*educ2*	0.221	0.415	0.234	0.423	0.233	0.423
初中	*educ3*	0.315	0.464	0.292	0.455	0.287	0.452
高中	*educ4*	0.245	0.430	0.188	0.391	0.186	0.389
大学本科	*educ5*	0.127	0.333	0.147	0.355	0.154	0.361
本科以上学历	*educ6*	0.003	0.054	0.006	0.080	0.009	0.094
婚姻状态（单身=1）	*single*	0.168	0.374	0.196	0.397	0.214	0.410
健康程度	*health*	3.511	1.025	3.433	1.153	3.661	1.080
家庭收入	*hincome*	23 102	104 526	45 229	109 863	64 086	204 351
家庭收入的对数	ln*hincome*	9.489	0.997	10.170	1.069	10.368	1.578
收入低于中位数的60%	*poor*	0.274	0.446	0.245	0.430	0.265	0.441
收入高于中位数的200%	*rich*	0.282	0.450	0.297	0.457	0.283	0.450
主观经济状态	*rincome*	2.060	0.937	2.605	0.757	2.669	0.699
是否城镇户口（是=1）	*city*	0.682	0.466	0.589	0.492	0.590	0.492
是否拥有房产（是=1）	*house*	0.799	0.401	0.672	0.469	0.629	0.483
就业状态	*work*	0.648	0.478	0.596	0.491	0.528	0.499
受教育年限	*yeduc*	9.074	3.511	—	—	—	—
子女数量	*child*	—	—	1.786	1.351	1.716	1.295
对社会公平的感受程度	*equity*	—	—	3.071	1.075	3.096	1.026
是否为共产党员（是=1）	*party member*	0.117	0.322	0.119	0.324	0.103	0.304

注：“—”表示对应数据无法获得。

三、幸福感不平等：年龄、教育与收入

2009 年以后，在幸福感平均值增加的同时，幸福感差距也显著增加。图 6－2（a）和图 6－2（b）根据年龄和教育水平对样本分组，观察组内幸福感不平等的时间变化。2009 年之后，几乎所有组内幸福感差距出现了显著增加。

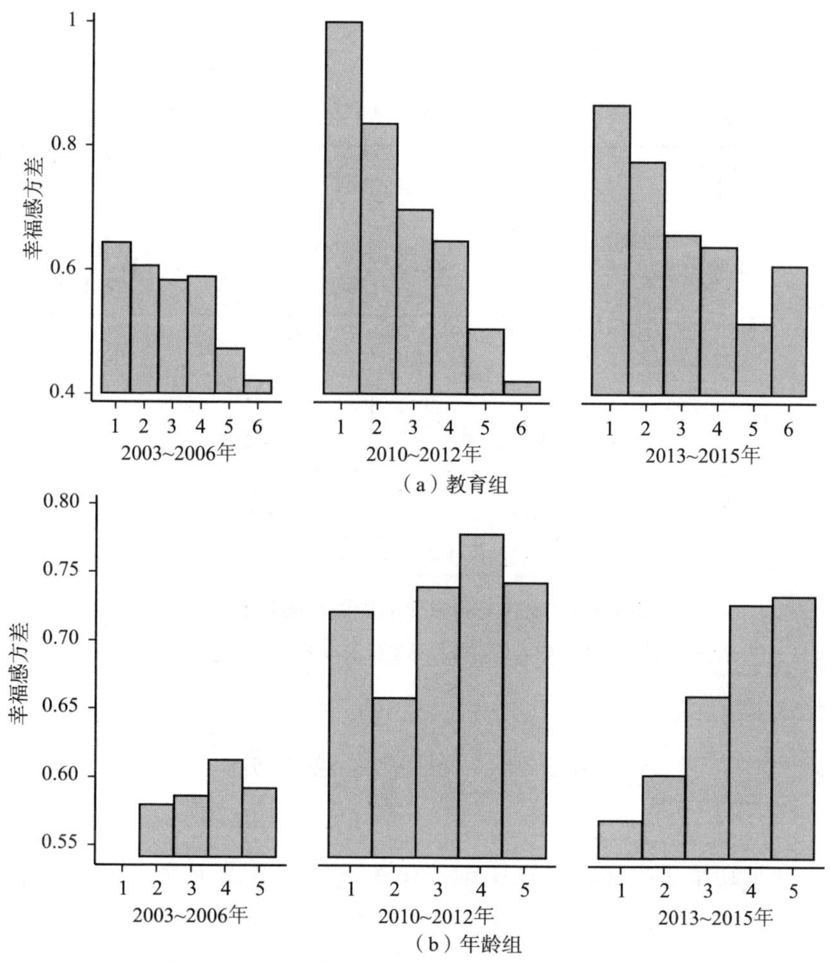

图 6－2　不同年龄和教育组内幸福感不平等

注：教育组中横坐标 1～6 对应教育水平从低到高。年龄组中横坐标 1～5 对应年龄从低到高。

很多研究分析了收入水平对幸福感的影响，我们也考察了分省份—年家庭平均收入与幸福感之间的关系。我们发现家庭收入与幸福感均值之间呈现正相关关系。本章主要考察幸福感不平等程度，即关注幸福感方差的影响因素。我们构造了分省份—年幸福感的方差和家庭平均收入之间的关系，图 6-3 的简单回归分析表明，收入增加有利于缩小幸福感的方差。那么，除了收入之外，还有哪些因素会扩大和缩小居民之间幸福感差距呢？

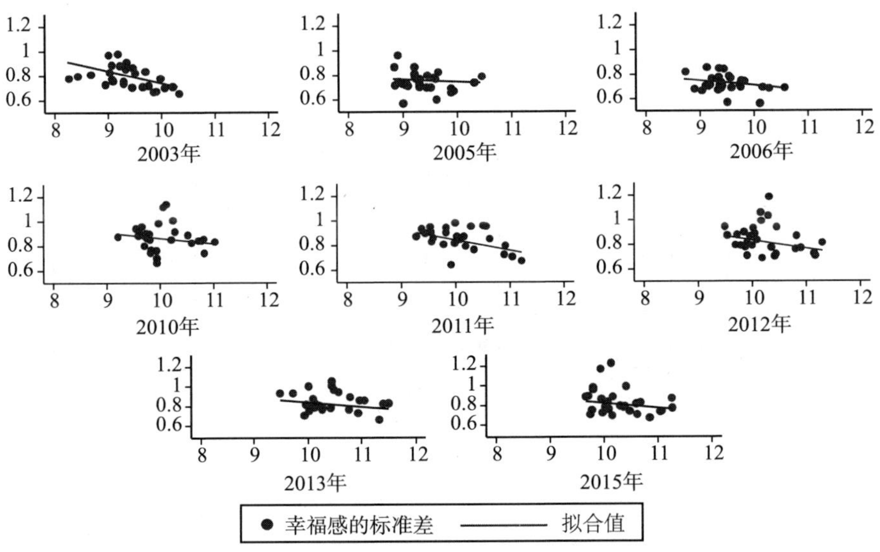

图 6-3　收入与各省份的居民幸福感不平等

注：图中各小图横坐标表示收入的对数；纵坐标表示幸福感的标准差。

第三节　研究方法简介

我们接下来将通过描述中国居民幸福感的分布来回答以下两个问题：第一，什么影响了幸福感不平等？第二，为什么时期 1 和时期 0 相比，幸福感不平等程度显著增加？已有文献研究了其他国家的类似问题（Clark et al.，2012；Becchetti et al.，2014；Niimi，2018）。为了回答上述问题，我们使用与已有研究一致的 RIF 回归方法和不平等分解。值得特别指出的是，贝凯蒂等（2014）使用类似的方法讨论了德国的幸福感不平等。他们发现，构成效应是造成德国幸福感不平等的主要原因，而系数效应几乎可以忽略。在此，我们简略介绍本章所使用的计量方法。

假设结果变量是 Y，F 表示 Y 的分布，$v(F)$ 表示 Y 的分布统计量（均值、分位数和方差等），分布回归试图讨论解释变量 X 的变化如何影响 $v(F)$，具体来说需要解决两个问题：$v(F)$ 如何随着 X 发生变化？X 的变化对 $v(F)$ 的影响有多大，两个不同组群的 $v(F)$ 差异有多少是由 X 贡献的？第一个问题通常称为偏效应（partial effect）问题，第二个问题通常称作政策效应（policy effect）问题。当 $v(F)$ 表示均值时，我们使用经典回归方法和 Oaxaca – Blinder 分解回答上述问题，然后把焦点放在因果推断上。当 $v(F)$ 表示其他统计量的时候，问题就不是这么简单了（Firpo et al.，2009）。

目前的文献中主要有两种方法：第一种方法是 RIF 回归，主要由菲尔波等（Firpo et al.，2009）发展。假设 RIF 的期望是线性函数，这样问题就回到了简单的经典线性回归分析。这种方法容易操作，但也有一些局限，例如，线性假设的合理性以及局部近似的问题。第二种方法是间接模型化分布函数的方法（Machado and Mata，2005；Chernozhukov et al.，2013）。这种方法试图求出分布 F，一旦知道 F，就能计算所有的 $v(F)$[①]。我们可以模型化 $F(y) = \int F_X(y)h(x)dx$，显然，此处 X 的边际分布是已知的，关键是求出条件分布 $F_X(y)$。通常需要利用模拟方法计算条件分布。这种方法的缺点是计算非常复杂，需要花费较多时间。

下面我们介绍 RIF 回归方法如何研究偏效应和政策效应。具体对应我们研究的幸福感不平等问题，我们需要回答 X 变化对幸福感不平等的边际效应，以及如果 2009 年前后幸福感不平等发生了显著变化，这种变化有多少是由 X 贡献的。

---

① 例如，均值 $\mu = \int yf(y)dy = \int ydF(y)$，方差 $V(y) = \int (y-\mu)^2 dF(y)$，分位数 $Q_\tau(y) = F^{-1}(\tau)$。

根据汉佩尔（Hampel，1974）的定义，$IF(y;\ v,\ F) = \lim\limits_{\varepsilon \downarrow 0} \dfrac{v((1-\varepsilon)F+\varepsilon\Delta_y)-v(F)}{\varepsilon}$，IF 表示一个点对分布函数的影响。假设分布函数为 $v(F) = \int \varphi(y)dF(y)$，那么我们有 $IF(y;\ F) \equiv \varphi - \int \varphi(y)dF(y)$。当 $v(F)$ 表示均值，$\varphi(y) = y$，均值的影响函数 $IF(y;\ \mu,\ F) = y-\mu$；方差的影响函数 $IF(y;\ \sigma^2,\ F) = (y-\mu)^2-\sigma^2$。

考虑 Y 的累积分布函数为 F，再中心化影响函数 $RIF(y;\ F_Y) = v(F) + IF(y;\ F_Y)$，根据定义 $E[IF(y;\ F)] = 0$。对于线性函数我们可以有 $RIF(y;\ F_Y) = \varphi(y)$。这样可以得到两个重要结果：（1）$E[RIF] = v(F)$，即任何感兴趣的统计量都可以被看作是一种期望。（2）利用期望迭代法则，可以建立统计量与解释变量 X 之间的关系，如下：

$$
\begin{aligned}
v(F_Y) &= \int RIF(y,\ F_Y)dF_Y \\
&= \int\left[\int RIF(y,\ F_Y)dF_{Y|X}(y|X=x)\right]dF_X(x) \\
&= \int E[RIF(y,\ F_Y)|X=x]dF_X(x) \qquad (6-1)
\end{aligned}
$$

显然，通过 $v(F) = E[E(RIF|X)]$，我们可以得到 X 的边际变化对感兴趣的分布统计量的影响。进一步假设再中心化影响函数是 X 的线性函数，我们就可以利用 OLS 回归方法研究 X 的变化对 $v(F)$ 的影响，也就是把我们非常熟悉的 OLS 回归中被解释变量 Y 替换为再中心化影响函数 RIF。当 $v(F)$ 是均值，RIF 等于 y；当 $v(F)$ 是方差，RIF 为 $(y-\mu)^2$。当然，目前并没有充足的理由认为 $v(F)$ 是关于 X 的线性函数，但是上述方法至少提供了一种线性近似（Firpo et al.，2009）。所以如果我们对 X 如何影响幸福感的方差的偏效应感兴趣，那么我们可以把幸福感的方差的再中心化影响函数对 X 进行回归。

现在假设时期 1 和时期 0 的 $v(F)$ 存在一定差异。这种差异表示为 $\Delta_O^v = v(F_1) - v(F_0) = v_1 - v_0$，这个差异可以被进一步分解成两部分 $\Delta_O^v = (v_1 - v_c) + (v_c - v_0) = \Delta_S^v + \Delta_X^v$，$v_c$ 表示反事实分布。第一项 Δ_S^v 被称为系数效应，或者不能解释的部分，它反映了函数关系本身的变化。

第二项 Δ_X^v 被称为构成效应，反映了两期分布差异中 X 变化的贡献。现在令 RIF 回归写作 $m_t^v(x) \equiv E[RIF(y_t; v_t) | X, T=t]$，$t=0, 1$。$m_c^v(x) \equiv E[RIF(y_0; v_c) | X, T=1]$。我们有 $v_t = E[m_t^v(x) | T=t]$，$t=0, 1$ 和 $v_c = E[m_c^v(x) | T=1]$，那么现在系数效应和构成效应可以被重新写作：

$$\Delta_S^v = E[m_1^v(x) | T=1] - E[m_c^v(x) | T=1] \quad (6-2)$$

$$\Delta_X^v = E[m_c^v(x) | T=1] - E[m_0^v(x) | T=0] \quad (6-3)$$

考虑线性函数的情况 $m_t^v(x) = X'\beta_t^v$，$m_c^v(x) = X'\beta_c^v$，根据前文 RIF 进行 OLS 回归之后，我们有：

$$\beta_t^v = (E[XX' | T=t])^{-1} E[RIF(Y_t; v_t)X | T=t], \ t=0, 1 \quad (6-4)$$

$$\beta_c^v = (E[XX' | T=1])^{-1} E[RIF(Y_0; v_c)X | T=1] \quad (6-5)$$

现在我们可以重写：

$$\Delta_S^v = E[X | T=1] \cdot (\beta_1^v - \beta_c^v) \quad (6-6)$$

$$\Delta_X^v = E[X | T=1]\beta_c^v - E[X | T=0]\beta_0^v \quad (6-7)$$

如果我们进一步假设 $\beta_c^v = \beta_0^v$，我们就可以对任何感兴趣的统计量进行 Oaxaca – Blinder 分解。Oaxaca – Blinder 分解经常被用于分析造成组间差别的原因，如男性与女性的差别，或黑人与白人的差别。菲尔波等（2018）指出，从更宽泛的角度来看，Oaxaca – Blinder 分解也可以用来分析控制组与对照组之间的差别，或不同时点上相似群组的差别。例如，贝凯蒂等（2014）利用 Oaxaca – Blinder 分解研究了德国幸福感不平等的动态变化。菲尔波等（2018）也使用这一方法研究了不同时期美国的工资不平等问题。RIF 回归与 Oaxaca – Blinder 分解的详细信息见菲尔波（2009；2018）。

第四节　导致幸福感差距和幸福感不平等的原因

本部分将采用 RIF 回归法分析我国幸福感不平等的影响因素，分解时期 1 和时期 0 之间幸福感不平等的差异，并试图找出 2009 年后幸福感不平等恶化的原因。

一、幸福感不平等的回归分析——RIF 方法

我们使用幸福感的方差代表幸福感不平等程度。与贝凯蒂等（2014）与新见（2018）相同，我们也使用幸福感的基尼系数进行稳健性检验。我们利用 RIF 回归模型估计以下幸福感不平等方程：

$$
\begin{aligned}
RIF(happiness\_variance) = \alpha &+ \beta_1 gender_{it} + \beta_2 age\_dummies_{it} \\
&+ \beta_3 educ\_dummies_{it} + \beta_4 \ln hincome_{it} + \beta_5 poor_{it} \\
&+ \beta_6 rich_{it} + \beta_7 rincome_{it} + \beta_8 city_{it} + \beta_9 single_{it} \\
&+ \beta_{10} house_{it} + \beta_{11} work_{it} + year_t + province_j + \varepsilon_{it}
\end{aligned}
\tag{6-8}
$$

被解释变量是幸福感不平等，通过方差或基尼系数来测度。解释变量包括性别、年龄、教育水平、收入变量（包括取对数后的家庭绝对收入、以“贫穷”与“富裕”哑变量表示的相对收入、主观经济状况“rincome”）、城市居民变量、是否单身、是否拥有住房产权和是否有工作。变量详情见表 6－3 与附表 A2。我们也控制了年份和地区固定效应。

对解释变量的选择遵循已有幸福感不平等文献的思路。① 本章考察了年龄、性别、婚姻、教育与就业状况，这与其他国家的研究一致（Clark et al.，2012；Becchetti et al.，2014；Niimi，2018）。我们预期教育与就业将减轻幸福感不平等，人口结构与性别将对幸福感不平等产生显著影响。

家庭层面的特征包括家庭收入（绝对收入与相对收入）与是否拥有房产，新见（2018）在对日本的研究中也控制了类似的家庭特征。绝对收入为家庭年收入的对数，相对收入包括是否贫穷（收入低于收入中值 60%）和相对富裕（收入高于收入中值 200%）的虚拟变量。同时我们也考虑了主观测度的收入不平等，这与范·普拉格（Van Praag，2011）以及新见（2018）一致。表 6－3 的数据表明，在所有时期，平

---

① 决定幸福感高低的因素见弗雷和司徒泽（2002）、克拉克等（2008）对此类文献进行了全面梳理。

均而言受访者均认为其相对收入不公平。我们预计绝对收入与幸福感不平等负相关，拥有房产可减少幸福感不平等。由于中国正在经历快速城镇化，我们考虑在回归中加入城市哑变量（“city”），用于区别城市居民和农村居民。

由于子女数量、对社会公平的评价、党员身份等变量在时期 0 不可得，在后文的回归分析中暂不纳入这些变量。但在稳健性检验中我们将加入这些变量，相关回归结果见附录中表 A4。

表 6 –4 第 1 列给出了全样本方差回归分析。RIF 回归估计了解释变量对幸福感不平等的边际影响。女性比例上升对减少幸福感不平等的作用不显著。这与新见（2018）对日本的研究结果一致。然而贝凯蒂等（2014）在德国数据中发现，女性比例对减少幸福感不平等的作用显著为负。

表 6 –4　　2003 ~2015 年中国幸福感不平等的 RIF 回归结果

变量	(1)	(2)	(3)	(4)
	全样本	时期 0	时期 1	时期 2
	RIF（方差）	RIF（方差）	RIF（方差）	RIF（方差）
gender	–0. 0141 (0. 0092)	–0. 0185 (0. 0130)	–0. 0164 (0. 0161)	–0. 0067 (0. 0177)
age24	–0. 0853*** (0. 0208)	–0. 0336 (0. 0352)	0. 0059 (0. 0496)	–0. 1451*** (0. 0371)
age34	0. 0177 (0. 0140)	0. 0554** (0. 0264)	0. 0491 (0. 0307)	–0. 0155 (0. 0287)
age44	0. 0589*** (0. 0135)	0. 0522** (0. 0257)	0. 0750*** (0. 0245)	0. 0446* (0. 0265)
age54	0. 0764*** (0. 0122)	0. 0540* (0. 0283)	0. 0953*** (0. 0198)	0. 0798*** (0. 0260)
educ2	–0. 0820*** (0. 0222)	–0. 0755** (0. 0344)	–0. 1250*** (0. 0372)	–0. 0260 (0. 0394)
educ3	–0. 1315*** (0. 0207)	–0. 1051*** (0. 0336)	–0. 1864*** (0. 0348)	–0. 0860** (0. 0409)
educ4	–0. 1384*** (0. 0202)	–0. 0859** (0. 0356)	–0. 2090*** (0. 0373)	–0. 0752* (0. 0442)

续表

变量	(1)	(2)	(3)	(4)
	全样本	时期 0	时期 1	时期 2
	RIF（方差）	RIF（方差）	RIF（方差）	RIF（方差）
educ5	-0.2034*** (0.0225)	-0.1426*** (0.0415)	-0.2667*** (0.0418)	-0.1366*** (0.0466)
educ6	-0.1541*** (0.0513)	-0.0858 (0.1071)	-0.2831*** (0.0798)	-0.0490 (0.1032)
single	0.2230*** (0.0195)	0.1676*** (0.0270)	0.2153*** (0.0308)	0.2463*** (0.0297)
ln*hincome*	-0.0357*** (0.0072)	-0.0901*** (0.0177)	-0.0098 (0.0125)	-0.0269*** (0.0089)
poor	0.1651*** (0.0149)	0.0733** (0.0286)	0.2106*** (0.0314)	0.1335*** (0.0263)
rich	0.1000*** (0.0133)	0.1942*** (0.0241)	0.0800*** (0.0238)	0.1052*** (0.0237)
rincome	-0.2112*** (0.0070)	-0.0201** (0.0089)	-0.3024*** (0.0149)	-0.3177*** (0.0170)
city	-0.0386*** (0.0132)	-0.0402* (0.0235)	-0.0228 (0.0213)	-0.0644*** (0.0179)
house	-0.0209* (0.0108)	-0.0488** (0.0198)	0.0012 (0.0217)	0.0096 (0.0202)
work	-0.0493*** (0.0098)	-0.0968*** (0.0200)	-0.0565*** (0.0208)	-0.0009 (0.0180)
Constant	1.6422*** (0.0768)	1.7313*** (0.1791)	1.6020*** (0.1350)	1.6389*** (0.1192)
年份	控制	控制	控制	控制
省份	控制	控制	控制	控制
观察值	61 231	17 788	24 097	19 346
R-squared	0.0560	0.0335	0.0663	0.0637

注：表 6-4 利用 RIF 回归方法对幸福感不平等程度进行回归分析。被解释变量是幸福感方差，解释变量包括性别、年龄、教育水平、收入变量、城市虚拟变量、是否拥有房屋产权、是否有工作、回归系数表示变量对幸福感方差的影响。我们控制了省份和年份的固定效应。***、**、*分别表示 1%、5%和 10%的显著性水平。

年龄分组方式与贝凯蒂等的（2014）一致。我们将 55 ~ 64 岁年龄组作为控制组。年轻人口增加有利于减少幸福感不平等。然而，中年人口（25 ~ 54 岁）比例增加将扩大幸福感不平等。这与贝凯蒂等（2014）对德国的研究一致，与中国的社会现实也相符。中年人面临着更多的生活压力，如中年人需要养育子女、赡养父母。同时，相比于其他年龄层，中年人的收入与财富不平等更为严重。因此，中年人的幸福感差距更大。

至于教育，我们以未受教育群体为对照组。受教育程度的提高有利于减少幸福感不平等。这与贝凯蒂等（2014）、克拉克等（2012）以及新见（2018）的结论一致。小学、初中、高中、大学、大学以上的系数的绝对值分别是 0. 08、0. 13、0. 14、0. 20、0. 15，这几乎单调递增。上述结果表明提高受教育水平能有效减少社会的幸福感不平等。时期 0 与时期 1 的 RIF 回归结论与之一致。

至于收入，我们的回归结果表明，绝对收入的增加能有效减少幸福感不平等，而相对贫困与相对富裕变量则会扩大幸福感不平等。主观经济状况也有利于减少幸福感不平等。总而言之，收入不平等将导致幸福感不平等扩大，而收入不平等可表现为相对贫困、相对富裕、主观经济状况不佳的人群占比的增大。这些结果与新见（2018）对日本的分析较为一致。贝凯蒂等（2014）对德国数据的研究也发现，相对贫困变量将导致幸福感不平等加剧。相对富裕人群的增加虽然有利于减少幸福感不平等，但效果并不显著。

城市哑变量的系数在全样本中显著为负，因此中国的城镇化显著降低了幸福感不平等。然而，在分样本回归中，这一结论主要在时期 2 成立，时期 0 与时期 1 并不显著。拥有房产也是影响幸福感不平等的重要因素。林江等（2012）发现，房产增加了幸福水平，而我们发现当拥有房产的人群增加，中国社会的幸福感不平等将出现显著下降。这与贝凯蒂等（2014）以及新见（2018）关于其他国家的研究结果较为一致。幸福与居无定所无缘，这点在中华文化中尤为突出。就业率的提高将有利于缩小幸福感不平等，而大量未婚人群的存在将扩大幸福感不平等。这些结论与贝凯蒂等（2014）对德国的研究以及新见（2018）对日本的研究基本一致。

在表6-4第（2）列、第（3）列、第（4）列中，我们分别展示了时期0、时期1、时期2的RIF回归结果。由于2009年之后，中国的经济进入了新的发展阶段。我们想分析解释变量的影响如何随时间变化。从定性的角度来看，各时期的年龄、教育、绝对收入、相对收入、婚姻、就业的影响与全样本的结果一致。然而，各时期的系数或多或少存在变化。明显的差别表现在：第一，时期1与时期2中房产对减少幸福感不平等的作用并不显著。第二，时期2中就业的作用依然为负，但显著性有所下降。

二、2009年以后中国居民的幸福感不平等程度增加的原因

2009年以后中国居民的幸福感不平等出现了大幅增大，中国进入了新的发展阶段，社会与经济层面出现诸多挑战。本部分试图分解时期0与时期1幸福感不平等的差距，以得到造成幸福感不平等加剧的具体原因。

表6-5显示了Oaxaca-Blinder分解的结果。在稳健性检验中，我们采用基尼系数衡量幸福感不平等，结果与表6-5相似（详见附录中表A3）。我们可以发现，时期1幸福感方差高于时期0主要是来自系数效应变化。系数效应导致幸福感的方差在时期1增加了0.18，而构成效应导致幸福感方差下降了0.05。这与德国的情况不同（Becchetti et al.，2014），鉴于中国经济与社会的急剧变化，这并不难理解。因此，2009年之后中国幸福感不平等的扩大，主要是由幸福感不平等与其影响因素之间的关系发生了较多变化而造成的。

表6-5　　时期1与时期0幸福感不平等差距的分解

解释变量	$\Delta_X^v=(E[X \mid T=1]-E[X \mid T=0])\beta_0^v$		$\Delta_S^v=E[X \mid T=1]\cdot(\beta_1^v-\beta_0^v)$	
	构成效应	标准误	系数效应	标准误
gender	0.0010	0.0006	0.0035	0.0108
*age*24	0.0011	0.0013	0.0022	0.0023

续表

解释变量	$\Delta_X^v=(E[X\mid T=1]-E[X\mid T=0])\beta_0^v$		$\Delta_S^v=E[X\mid T=1]\cdot(\beta_1^v-\beta_0^v)$	
	构成效应	标准误	系数效应	标准误
*age*34	-0.0041***	0.0017	0.0002	0.0047
*age*44	-0.0027***	0.0011	0.0069	0.0072
*age*54	0.0009***	0.0004	0.0119	0.0075
*educ*2	-0.0024**	0.0010	-0.0098	0.0101
*educ*3	0.0014**	0.0006	-0.0219*	0.0133
*educ*4	0.0069***	0.0025	-0.0212**	0.0090
*educ*5	-0.0018***	0.0007	-0.0165**	0.0076
*educ*6	-0.0002	0.0004	-0.0010	0.0010
single	-0.0007	0.0006	0.0075	0.0051
ln*hincome*	-0.0425***	0.0108	0.0216	0.2429
poor	-0.0003	0.0005	0.0085	0.0108
rich	-0.0043***	0.0009	-0.0037	0.0079
rincome	-0.0036	0.0039	-0.7418***	0.0394
city	-0.0101**	0.0045	-0.0130	0.0180
house	0.0045**	0.0022	0.0256	0.0188
work	0.0003	0.0005	0.0214	0.0160
prov	0.0086***	0.0031	0.1388***	0.0497
常数项			0.7634***	0.2377
合计	-0.0481***	0.0141	0.1827***	0.0178

注：表6-5报告了利用Oaxaca-Blinder分解对用方差表示的时期1和时期0的幸福感不平等差距的分解结果。时期0是指2003~2006年，时期1是指2010~2012年。解释变量包括性别、年龄、教育水平、收入变量、城市虚拟变量、是否拥有房屋产权、是否有工作以及省份虚拟变量（用“prov”表示）。***、**、*分别表示1%、5%和10%的显著性水平。

表6-4估计了幸福感不平等方程，而表6-3给出了解释变量分布的变化。将两者结合可以帮助我们理解时期0与时期1间总构成效应为负的原因。表6-5显示25~34岁与35~44岁的构成效应为负，45~54岁的构成效应为正。由于25~34岁与35~44岁占比下降而45~54

岁占比上升，中年人口增加扩大了幸福感不平等。由于人口结构变化造成的净构成效应为负。相反，小学与大学教育的普及减少了幸福感不平等，而初中与高中教育占比的下降则扩大了幸福感不平等，综合之后受教育程度的净构成效应为正。总构成效应之所以为负主要是因为绝对收入的影响：2009 年以后，人均收入的大幅增长有效减轻了中国的幸福感不平等。拥有房产人口的变化也影响到幸福感不平等，但其构成效应相对较小。

尽管总系数效应为正且高于构成效应，但教育与主观经济状况变量减少了幸福感不平等。比较表 6－4 第（2）列与第（3）列，我们发现时期 1 中受教育程度对降低幸福感不平等的作用出现了系统性的增强。所以，相比与时期 0，时期 1 中受教育程度对减少幸福感不平等的作用更强。如表 6－3 所示，时期 1 中主观经济状况系数的绝对值出现了相当程度的增长，因此其降低幸福感不平等的效应也自然更强。

总系数效应主要是省份哑变量与截距项造成的。表 6－5 中变量 *prov* 表示省份哑变量，其总系数效应为负，这表明各省份间的幸福感不平等差距在 2009 年后急剧增大。从图 6－3 可见，2009 年后一些省份的幸福感不平等急剧扩大，不同省份的幸福感不平等分布更加发散。截距项的系数效应为正且数值较大，这表明本章检验的解释变量并不能完全解释中国的幸福感不平等，一些更重要的因素有待检验。从某种角度上来看，这可能是由于中国经济与社会的急剧变化造成的，或者说本章的线性模型无法较好地描述其中的非线性效应。

三、稳健性检验

首先，在方差与标准差之外，我们想检验若以基尼系数衡量幸福感不平等，那么结果是否稳健。附录中表 A3 与表 A5 给出了相关结果。我们前文中关于年龄、教育、绝对收入、相对收入、婚姻对幸福感不平等的影响的结论保持不变。但性别的影响存在细微的不同。在上文时期 0 的全样本回归中，女性的影响为负但不显著，而在当前的稳健性检验中这一系数在统计上变得显著了。

正如上文所解释的，由于健康、子女、主观社会公平度、党员身份等变量在某些时期的数据不可得，我们并未将其加入基础回归。在稳健性检验中，我们加入所有变量。附录中表 A4 提供了回归结果。与表 6－4 比较后发现，前文中关于影响中国幸福感不平等的因素的结论保持不变。加入新变量后，我们得到了一些有意义的结果。健康有利于减少幸福感不平等，而健康在新见（2018）对日本的研究中则并无显著影响。如我们预料，主观社会公平度与幸福感不平等负相关。子女数的影响不显著，这与新见（2018）的研究一致。

我们在上文中指出，2009 年之后，中国幸福感不平等出现了结构性变化。不过，时期 1（2010～2012 年）与时期 2（2013～2015 年）相比幸福感方差或分布均无显著变化。因此，表 6－5 仅对比时期 1 与时期 2 之间的幸福感不平等。附表 A5 给出时期 2 与时期 1 的幸福感不平等差距的分解，并证实了我们的预期。时期 2 与时期 1 的构成效应仅为－0.0204，系数效应仅为－0.0401，这远小于时期 1 与时期 0 的差距。因此，相比与时期 1 与时期 0 的差距，假设时期 2 与时期 1 的差距相对较小是合理的。

第五节　结论与政策建议

刘军强等（2012）以及其他学者讨论了随着中国经济增长中国居民幸福感的演进情况。但是此类文献忽略了中国幸福感不平等问题。在某种程度上，幸福感不平等，而不是收入不平等，决定了社会和谐程度。一些学者建议用幸福感不平等作为社会不平等的指标（Veenhoven，2005）。一方面，收入不平等不等于主观幸福感不平等。通过研究幸福感不平等，我们可以全面地了解社会福利水平的分布；另一方面，与收入不同，幸福感无法进行再分配。研究幸福感不平等有利于制定社会政策、促进社会和谐。

本章使用 RIF 回归分析中国幸福感不平等。我们发现，提高收入有利于减少幸福感不平等，收入差距扩大则会显著增强幸福感不平等。提高受教育水平并促进就业可有效降低幸福感不平等。单身或中年人口比重增加与幸福感不平等恶化相关。根据以上结果可以制定促进社会和谐的相关政策。

2009 年以后中国幸福感不平等的加剧主要是系数效应造成的。系数效应是指幸福感不平等与相关影响因素之间的关系发生了变化，这显示出中国经济与社会发生了剧烈的变化。在系数效应中，不同省份幸福感不平等差距扩大是重要的因素。另外，2009 年前后中国幸福感不平等的总构成效应为负，而这主要是由 2009 年以后居民绝对收入的大幅度提升所造成的。

显然，除本章所讨论的因素之外，其他一些因素可能也会影响中国居民的幸福感不平等。实际上，本章的分解分析意味着可能存在其他影响因素或非线性效应。一些国际数据表明，经济波动可能会扩大幸福感不平等（Chin – Hon – Foei，1989；Veenhoven，2005），而提升国民健康状况与卫生设施的质量则能降低幸福感不平等（Ovaska and Takashima，2010；Ott，2011）。在后续的研究中，我们将继续对中国居民幸福感不平等问题进行深入分析。

第七章　相对收入对居民慈善行为的影响：以捐赠为例

【本章摘要】 相对收入和社会比较也会对居民的慈善行为（如自愿捐款）产生影响，本章从理论层面探讨了相关问题。我们发现：有关相对收入的信息会增加个体的绝对捐赠额；相比于低收入者，高收入者捐赠的绝对金额更多，但他们的捐赠额占其收入的比重却比低收入者要低。其他学者的相关实证研究和实验研究证明了本章的结论。本章的研究，既有利于我们更深入地理解社会比较和公平因素在慈善行为中所起的作用，也对相关慈善政策的制定有一定启示意义。

通过第五章的分析，我们知道，人们不仅从绝对数量的收入（或消费）中获得效用，而且还从与他人相比的相对收入（或消费）中获得效用（Clark et al.，2008；Kimball and Willis，2006；Liu and Wang，2017）。实际上，在由社会性的人组成的人类社会中，社会比较（social comparason）无处不在，相对收入和社会比较也会对居民的慈善行为（如自愿捐款）产生影响。

王（Wang，2015）总结了已有文献研究过的慈善性捐赠行为的几种主要动机：利他主义或同情（Eisenberg and Miller，1987）；温情效应（warm-glow）（Andreoni，2006）；信号动机或想要展示自己财富状况的欲望（Glazer and Konrad，1996）以及慷慨（generosity）（Benabou and Tirole，2006）；社会压力或者社会规范（Andreoni and Petrie，2004；Reyniers and Bhalla，2013）。前两种动机为内在动机，而后两种动机则更多地受到外在因素的影响，如依赖于他人对其慈善行为的可见性。本章要研究的慈善行为是基于内在动机的慈善行为（捐赠者匿名作出捐赠决定），而且集中在温情效应这一动机上。

实证研究和实验研究都对收入和捐赠行为之间的关系进行了探讨（Auten et al.，2000；Andreoni and Vesterlund，2001；Buckley and Croson，2006）。利他主义假说预测富人的绝对捐赠额会更高（Becker，1974），相关统计数据也证实了这一点（Andreoni，2006）。不公平厌恶假说预测，相比于穷人，富人的捐款占其收入的比重会更高一些（Fehr and Schmidt，1999）。但捐赠统计数据和实验证据均表明，这一预测可能有误，富人的捐款—收入比似乎低于穷人（Auten et al.，2000；Buckley and Croson，2006）。以美国数据为例，收入在前 20% 的美国居民，平均贡献了 1.3% 的收入给慈善机构，而那些收入处于最底层约 20% 的美国居民却捐赠了其 3.2% 的收入（Stern，2013）。

从已有文献来看，深入研究相对收入（而不是绝对收入）与捐赠行为之间关系的研究并不多。但研究这一问题对于解释一些集资或公益捐款现象很重要，对相关政策制定也有重大意义。本章将从理论层面来探讨社会比较和相对收入效应如何通过影响居民的效用水平来影响其消费和捐赠行为。

第一节　理论模型设定

我们认为捐赠以及消费的相对效应（即自己的捐赠水平和消费水平与所选取的参照点之间的对比）都会影响到个体的效用水平，因此它们应该被纳入效用函数中。不失一般性，我们不妨假设个体 i 拥有以下可加形式的效用函数：

$$U = u(c_i) + \varphi_1 \cdot v\left(\frac{c_i}{c_R}\right) + \varphi_2 \cdot f(d_i) + \varphi_3 \cdot h\left(\frac{d_i}{d_R}\right) \qquad (7-1)$$

其中，$c_i = y_i - d_i$ 是个体 i 的消费水平，其等于收入 y_i 减去捐赠 d_i；u 和 v 分别表示绝对消费水平和相对消费带来的效用；f 和 h 分别表示绝对捐赠水平和相对捐赠带来的效用；c_R 和 d_R 分别表示个体 i 在进行消费行为和捐赠行为时所选取的参照点（reference point）；φ_1，φ_2 和 φ_3 为相应的效用权重。从此效用函数可知，个体的效用不仅来自其绝对消费水平和捐赠水平，而且来自其主观所认定的相对消费地位和相对捐赠地位。

孙和王（Sun and Wang，2013）使用调查数据研究了相对收入如何影响中国农村地区的消费行为，本章将证明，相对收入也会影响到居民的捐赠行为。给定个体的效用函数及其预算约束，他作出捐赠多少的最优选择。消费带来的效用和捐赠带来的温情效应（warm-glow）是在他的捐赠决策过程中两个相互竞争的因素。效用最大化问题的一阶条件（FOC）如下：

$$\varphi_2 \cdot f' + \varphi_3 \cdot \frac{h'}{d_R} = u' + \varphi_1 \cdot \frac{v'}{c_R} \tag{7-2}$$

式（7－2）的左侧是捐赠的边际收益（marginal benefit，MB），等于捐赠的温情效应加上相对捐赠水平带来的效用；右侧是捐赠的边际成本（marginal cost，MC），这既取决于他的绝对消费水平，也取决于他的相对消费状况。

为了简化模型和分析，我们不妨假设 u，v，f 以及 h 的函数形式皆为常相对风险厌恶（constant relative risk aversion，CRRA）形式，其 CRRA 系数分别为 ω，ω_1，ω_2 和 ω_3，具体如下：

$$u(c_i) = \frac{c_i^{1-\omega} - 1}{1-\omega} \tag{7-3}$$

$$v\left(\frac{c_i}{c_R}\right) = \frac{(c_i/c_R)^{1-\omega_1} - 1}{1-\omega_1} \tag{7-4}$$

$$f(d_i) = \frac{d_i^{1-\omega_2} - 1}{1-\omega_2} \tag{7-5}$$

$$h\left(\frac{d_i}{d_R}\right) = \frac{(d_i/d_R)^{1-\omega_3} - 1}{1-\omega_3} \tag{7-6}$$

因此，捐赠行为的 MB 和 MC 可以表达如下：

$$MB = \varphi_2 \cdot d_i^{-\omega_2} + \varphi_3 \cdot \frac{d_i^{-\omega_3}}{d_R^{1-\omega_3}} \tag{7-7}$$

$$MC = c_i^{-\omega} + \varphi_1 \cdot \frac{c_i^{-\omega_1}}{c_R^{1-\omega_1}} \tag{7-8}$$

图 7-1 描述了个体是如何根据 $MR = MC$ 规则来作出最优捐赠决策的。

第二节　相对收入影响居民捐赠行为的理论机制

假定，当个体没有被告知（或自己不明确）其相对收入时，他的社会比较（social comparison）动机就会消失（或非常小）。在这种情况下，他捐赠的边际收益和边际成本为：$MB_0 = \varphi_2 \cdot d_i^{-\omega_2}$，$MC_0 = c_i^{-\omega}$。此时，个体的最优捐赠水平为图 7-1 中的 E_0 点。根据式（7-7）和式（7-8）可知，当个体被告知（或自己知道）其相对收入时，他捐赠的边际收益和边际成本比不知道其相对收入时都要高，此时最优捐赠会由 E_0 点移动至 E 点（见图 7-1）。E 点与 E_0 点相比，捐赠水平是否会增加取决于两种方向相反的社会比较效应的相对大小：一方面，捐赠的边际收益将会增加，因为捐赠的增加也会增加其相对捐赠水平而带来快乐，这将激励个体捐赠得更多；另一方面，捐赠的边际成本也会增加，因为捐款的增加不仅会降低捐款者的绝对消费水平，还会降低他的相对消费地位，这一效应将促使个体减少捐赠。如果第一种效应（捐赠地位效应）比较大，那么个体将会多捐。我们认为命题 7-1 会成立：

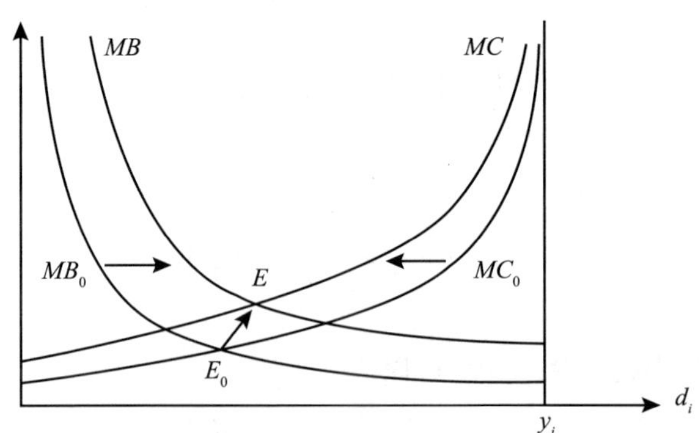

图 7-1　捐赠行为的边际收益与边际成本以及相对收入效应

命题7－1：捐赠（donation）可能是一种炫耀性商品（positional good），当个体的相对收入被揭示出来时，捐赠带来的温情效应（warm-glow）和效用将会增加，从而导致其捐赠更多。

在相对收入情境下，如果个体的绝对收入增加，那么其捐赠水平是否会增加呢？对此，我们认为命题7－2成立：

命题7－2：当个体知道其相对收入状况时，其绝对收入的增加会导致其捐赠更多。

要证明这一点并不难，从方程（7－1）可知，在我们的分析框架下消费和捐赠均为“正常商品”（normal goods），收入对消费和捐赠的影响应该都是正面的。图7－2进一步证实了捐赠的收入效用为正：当收入增加（即 $\Delta y_i>0$）时，MC 曲线将会向右下移动，最优捐赠均衡将由 E 点移动到 E_1 点，捐赠量增多。

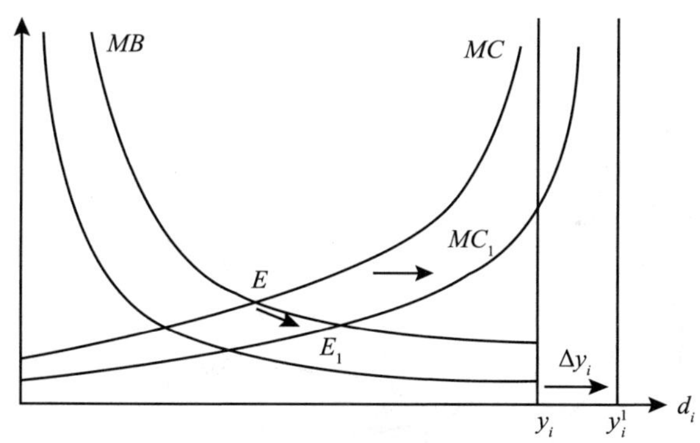

图7－2　收入对捐赠行为的影响

但是边际捐赠倾向（marginal propensity to donate，MPD）是小于1的：$\Delta d_i/\Delta y_i<1$。因此，虽然高收入者可能倾向于捐赠更多（在绝对捐赠量上），但相比于低收入者其捐款额占其总收入的比重是高还是低却是不明确的。我们给出命题7－3（在后文中，我们会看到其他学者的实验研究将证实这一命题）：

命题7－3：如果 $MPD<d_i/y_i$，即边际捐赠倾向低于平均捐赠倾向，那么收入增高时，个体捐赠额占其收入的比重将会随着收入的增加而降

低，或者说，高收入者的捐赠份额会低于低收入者的捐赠份额。

在消费和捐赠决策时所选取的参照点（c_R 和 d_R）也是决定个体偏好及其消费、捐赠行为的重要影响因素。关于参照点，我们有以下命题：

命题 7 -4： 假定效用函数中的 CRRA 系数都是大于 1 的，在其他情况相同的条件下，如果个体选择了一个更高的捐赠参照点（即 d_R 增加了），那么他将捐赠更多；如果他选择了一个更高的消费参照点（即 c_R 增加了），那么他将消费更多而捐赠更少。

此命题不难证明。如果 d_R 增加了，根据式（7 -7）可知，捐赠的边际收益（MB）将会增加，如图 7 -3 所示，决策均衡将由 E 点移动到 E_2 点，捐赠水平的确增加了，而个体也从追求相对捐赠地位的行为中获得了额外的幸福感。而如果 c_R 增加了，那么由式（7 -8）可知，捐赠的边际成本（MC）将会上升，决策均衡将由 E 点移动到 E_3 点，捐赠水平下降而消费水平上升。

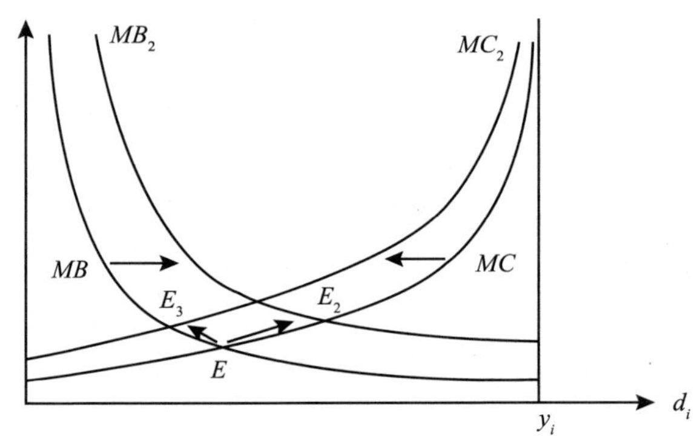

图 7 -3　相对收入参照点的选择及其对捐赠行为的影响

如果个体同时选择了更高的捐赠参照点和更高的消费参照点，即 c_R 和 d_R 都增加了，那么他将在追求相对捐赠地位与追求相对消费地位之间挣扎，这对均衡捐赠水平的净影响是模糊的。如果想通过实验来检验相关结果，可以在实验中让不同收入水平的参与者配对（此时他们社会比较的参照点会发生变化），然后研究在不同情况下参与者的捐赠行为。

本章的模型还有助于我们理解已有文献中发现的以下现象：生活在社会经济环境更加差异化（贫富差距大）的富人比那些生活在贫富差距小的地区的富人更加慷慨、捐赠得更多（Konow and Earley，2008）。

第三节　来自经济学实验的验证

王（Wang，2015）通过设计和实施与第五章类似的实验，比较了那些知道其相对收入的个体（实验组）和那些只知道自己绝对收入的个体（对照组）之间捐赠行为的差异。具体来说，实验参与者根据他们在任务中的相对表现获得三种不同水平的收入，然后实验组和对照组中的参与者在不同的情境下作出捐赠决策。

王（Wang，2015）的实验结果与本章理论模型的预测是基本一致的：有关相对收入的信息增加了捐赠总额和参与者的平均捐赠额；高收入者捐赠的绝对金额更多，但与低收入者相比，他们的捐赠额占其收入的比重的确要低一些；低收入者与中等收入者配对时捐赠最多，而高收入者与低收入者或者高收入者（而不是中等收入者）配对时会捐赠更多。本章关于相对收入与捐赠慈善行为的研究，有利于我们理解一些慈善行为和现象，对于相关慈善政策的制定也有一定启示意义。

第八章　收入不平等、工作激励与幸福感分布

【本章摘要】本章从理论层面研究了居民收入不平等与工作激励、居民幸福感不平等之间的关系，得出了以下结论：收入不平等程度的增加，会通过相对收入渠道激励个体提高工作努力程度，进而导致总产出增加，但也会导致幸福感不平等程度扩大。我们认为，虽然极端的收入不平等会导致严重的经济社会问题，但在适度范围内的收入不均等却是有利于经济社会发展的。针对如何在经济学实验中验证本章的结论，我们也提出了初步的实验设计方案。本章的研究对于如何认识不平等以及制定再分配政策时应该如何重构激励机制有一定参考价值。

在第五章中，我们通过经济学实验研究了相对收入与居民幸福感之间的关系。结果发现，在控制了绝对收入等因素之后，有关相对收入的信息增加了高收入群体的幸福感，而降低了低收入群体的幸福感，进而扩大了幸福感不平等。但第五章并没有考察收入不平等本身的扩大如何影响居民行为及其幸福感不平等程度，而只是考察了在给定收入不平等的情况下（在实验中是三种可能的收入水平：60 元、40 元、20 元），收入不平等的信息是否揭露所带来的影响。在本章中，我们将研究：在收入分配信息是公开信息的前提下，不同程度的收入不平等会对居民的工作努力程度（工作激励）以及居民幸福感的分布产生怎样的影响。第六章的实证研究表明，收入差距的扩大可能会导致幸福感不平等的扩大，那么其理论机制是怎样的？能否通过设计经济学实验来对此进行验证？本章将对这些问题进行探讨。

必须要意识到，虽然过于严重的收入不平等对于经济社会是不利的，它既会导致社会凝聚力下降、社会冲突加剧等社会问题（Demombynes and Ozler，2002；Gustavsson and Jordahl，2008；Yang et al.，2019），也可能会影响长期经济增长（Alesina and Rodrik，1994）并导致金融经济危机（Fitoussi and Stiglitz，2009；Kumhof et al.，2015），但是适度范围内的收入不均等对社会是有利的。因为在个体存在能力、偏好等异质性的基本前提下，完全均等的收入分配会扭曲激励，不利于资源的优化配置和生产力的发展，进而不利于长期内所有人的福利。盖勒和莫夫（Galor and Moav，2004）通过构建内生增长模型证明了，在物质资本积累相对于人力资本积累来说更为重要的发展阶段，收入不平等有利于资本积累和经济增长。本章将从相对收入和社会比较的视角来研究居民收入不平等与工作激励以及居民幸福感不平等之间的关系。

第一节　基本模型

假定所有居民分布在［0，1］区间上，个体 i 的工作努力程度为 e_i，个体 i 的产出水平 f_i 是其努力程度的线性函数：

$$f_i = f(e_i) = e_i \tag{8-1}$$

在该社会中，个体最终收入 c_i 并不直接等于其产出水平，而是由某种分配机制根据个体对社会的贡献程度来决定。假定收入分配机制如下：

$$c_i = \bar{c} \cdot \left[\xi \cdot \left(F(f_i) - \frac{1}{2}\right) + 1\right] \tag{8-2}$$

其中，$\bar{c}$ 为社会平均收入水平；$F(f_i)$ 表征个体 i 创造的产出水平 f_i 在全社会中的相对排名状况，其大于等于0、小于等于1，因此 F 可以看成是 f_i 的累积密度函数。也就是说，当个体产生高于社会中位数的时候，其收入水平将高于社会平均收入；当个体产出等于社会中位数时，其收入水平就等于社会平均水平；当个体产出低于社会中位数时，其收入水平也低于社会平均水平。参数 $\xi(0<\xi<2)$ 反映了社会分配机制的

公平程度，ξ 越大，表明个体对社会的相对贡献$\left(F(f_i)-\frac{1}{2}\right)$在分配机制中所起的杠杆作用越大、分配机制越不平等。当 ξ 取极端值 0 时，无论个体努力程度如何、对社会贡献多大，其收入水平恒等于社会平均收入，收入分配完全均等化。如图 8－1 反映了在收入分配机制中相对贡献与相对收入的关系。

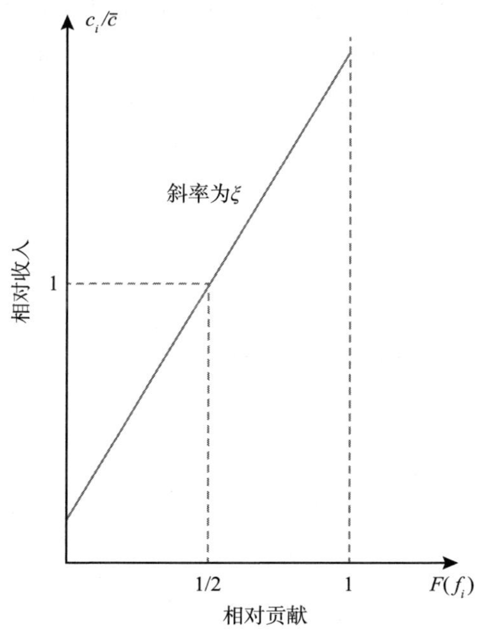

图 8－1　收入分配机制：相对贡献与相对收入的关系

我们假定最终的个体工作努力程度为 e_i 服从均匀分布，分布区间标准化为［$\underline{e}$，$\underline{e}+1$］。那么 f_i 也服从均匀分布，且个体 i 的产出水平 f_i 在全社会中的相对排名等于：

$$F(f_i)=F(e_i)=e_i-\underline{e} \tag{8-3}$$

要想求解收入不平等程度对个体工作激励的影响，我们需要先给定个体的效用函数形式如下：

$$U_i=\ln(c_i)+\varphi_1^i\cdot\ln\left(\frac{c_i}{\bar{c}}\right)+\varphi_2^i\cdot F(f_i)-\varphi_3^i\cdot e_i^2 \tag{8-4}$$

其中 φ_1^i，φ_2^i，φ_3^i 为表征相应效用权重的非负系数。也就是说，个体效用来自四个方面：绝对收入 c_i 带来的正效用、相对收入（$c_i/\bar{c}$）带来的正效用（与第五章、第六章、第七章的结论一致）、个体创造的价值的社会排名 $F(f_i)$ 本身也带来的正效用（系数 φ_2^i 可为0）以及工作投入带来的负效用（$-\varphi_3^i \cdot e_i^2$）。

个体 i 通过选择其努力程度 e_i 来最大化其个人效用，因此可得以下一阶条件（经验证，二阶条件是满足的）：

$$2 \cdot \varphi_3^i \cdot e_i = (1+\varphi_1^i) \cdot \frac{\xi}{\xi \cdot \left((e_i - \underline{e}) - \frac{1}{2}\right) + 1} + \varphi_2^i \qquad (8-5)$$

其中式（8－5）左边为个体 i 工作努力程度的边际成本（MC），其为工作努力程度的增函数；右边为工作努力程度的边际收益（MB），其为工作努力程度的减函数。通过上述一阶条件，可以求解出最优工作努力程度 e_i^*，其为分配不平等程度参数 ξ 的函数，[①] 即：

$$e_i^* = e_i^*(\xi) \qquad (8-6)$$

用几何图形表示上述一阶条件，可得图8－2。

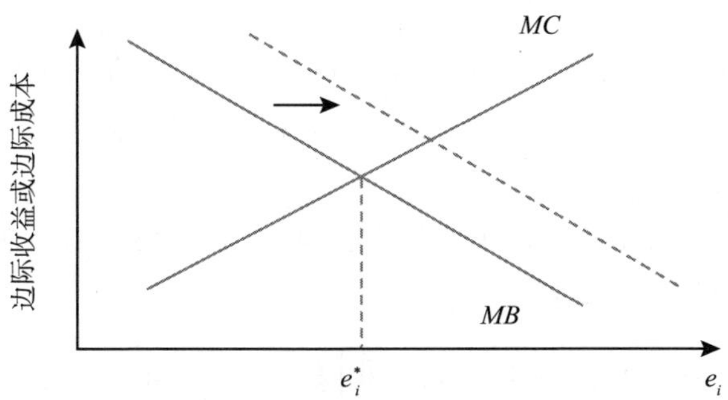

图8－2　个体 i 最优工作努力程度 e_i^* 的确定

① 可以认为，对于不同个体而言，其效用函数中的效用权重系数不同，因而他们的最优工作努力程度也不相同。而所有个体的最优工作努力程度的分布为区间［$\underline{e}$，$\underline{e}+1$］上的均匀分布，与我们之前的假设一致。严格来讲，区间［$\underline{e}$，$\underline{e}+1$］的下界 $\underline{e}$ 也是分配不平等程度参数 ξ 的函数，其随着 ξ 的增大而增加。

第二节 理论预测

在给定上述基本模型设定下，我们可以得到以下结论：

命题8-1： 收入不平等程度的增加（即ξ增大），会激励个体提高工作努力程度，进而会导致总产出增加。

证明： 可以证明，随着ξ增大，工作努力程度的边际收益$\left((1+\varphi_1^i)\cdot\frac{\xi}{\xi\cdot\left((e_i-\underline{e})-\frac{1}{2}\right)+1}+\varphi_2^i\right)$也会增大，因此图8-2中的MB曲线会向右上方移动，但MC曲线保持不变。所以，个体的最优努力程度会提高。ξ增大对于工作的激励效应对社会中的每个个体都有效，因此，每个个体的产出都会增加，因而总产出也会增加。证毕。

在这里，我们看到了收入不平等通过相对收入效应对工作努力程度的正向激励作用。与我们所预测的一致，适当程度的收入不平等有利于提供生产激励、促进GDP总蛋糕做大，而当收入分配趋于绝对平等时，这种激励作用会大幅减弱、社会总产出规模会受到较大程度的负面影响。那收入不平等程度的扩大对居民幸福感不平等的影响如何呢？

命题8-2： 收入不平等程度的增加（即ξ增大），会导致幸福感不平等程度扩大。

证明： 将个体i的最优工作努力程度$e_i^*=e_i^*(\xi)$代入其效用函数，可得其最优效用水平为：

$$U_i^*=constant+(1+\varphi_1^i)\cdot\ln\left[\xi\cdot\left((e_i^*-\underline{e})-\frac{1}{2}\right)+1\right]+\varphi_2^i\cdot e_i^*-\varphi_3^i\cdot(e_i^*)^2 \quad (8-7)$$

因为e_i^*是ξ的函数，所以式（8-7）可对ξ求导，然后利用包络定理可得：

$$\frac{\partial U_i^*}{\partial\xi}=(1+\varphi_1^i)\cdot\frac{(e_i^*-\underline{e})-\frac{1}{2}}{\xi\cdot\left((e_i^*-\underline{e})-\frac{1}{2}\right)+1} \quad (8-8)$$

因为个体 i 的产出水平 f_i 在全社会中的相对排名 $F(f_i)=e_i-\underline{e}\in[0,1]$，所以：

$$\frac{\partial U_i^*}{\partial \xi}\begin{cases}>0,\ \text{当}\ F(f_i)>\dfrac{1}{2}\\=0,\ \text{当}\ F(f_i)=\dfrac{1}{2}\\<0,\ \text{当}\ F(f_i)<\dfrac{1}{2}\end{cases} \qquad (8-9)$$

也就是说，对于高努力程度、高收入者而言，收入分配的不平等程度增加，会提升其效用水平；而对于低努力程度、低收入者而言，收入不平等程度的扩大会降低其福利水平。因此，社会的幸福感不平等程度会增加。证毕。

命题 8－2 从理论上证明了第六章实证研究的一些结论，即收入差距的扩大是居民幸福感不平等程度扩大的重要原因。这里有必要对低收入者的效用变化给出更细致的解释。在我们的模型中，低收入者之所以选择低努力程度，是因为努力工作给其带来的负效用很大。而随着收入不平等程度提高，命题 8－1 告诉我们，低收入者也会被激励去增加他们的工作努力程度，这会使工作带给他们的负效用进一步变得更大，从而导致他们的幸福感较之以前下降了。但如果此时不增加工作努力程度，他们的效用水平会下降得更多。

第三节　实验设计

上述理论预测结果可以通过经济学实验来进行验证。初步设计以下实验程序：

（1）招募足够数量的实验者，将其随机地平均分成 6 组，每组都只有 3 种水平的收入，这 6 组将对应 6 种不同程度的收入不平等状况，3 种收入水平从绝对平等到非常不平等（与第二节模型中的参数 ξ 从 0 增加到 2 相对应）依次为：（50 元，50 元，50 元）、（40 元，50 元，60 元）、（30 元，50 元，70 元）、（20 元，50 元，80 元）、（10 元，50 元，

90 元）、（0 元，50 元，100 元）。收集实验者的基本信息。

（2）告知每组实验者，他们最终获得的收入将与他们在规定时间内做对的数学题目（题目难度要适宜，要能产生成绩区分度）数量有关：做对题目的数量位于前 30% 的优秀表现者将获得该组的最高收入，做对题目的数量位于 30% ~70% 之间的中等优秀表现者将获得该组的中等收入，做对题目的数量位于最后 30% 的较差表现者将获得该组的最低收入。

（3）每组实验结束后，每位实验参与者报告他们对做题和所得收入总体情况的“满意”程度，从 0 ~ 100 打分，对应于从“非常不满意”到“非常满意”，以此作为他们效用或幸福感的度量指标。

（4）计算每组实验者做对题目的总数量，作为总产出的度量指标，计算每组实验者幸福感不平等的程度。

（5）研究收入分配不平等程度与工作激励、总产出以及幸福感不平等之间的关系，还可利用收集起来的实验者其他信息进行回归分析以研究其他相关问题。

本章从理论层面研究了居民收入不平等与工作激励和居民幸福感不平等之间的关系，得出了以下结论：收入不平等程度的增加，会通过相对收入和社会比较渠道激励个体提高工作努力程度，进而会导致总产出增加，也会导致幸福感不平等程度扩大。当然，正如前文所述，本章结论的成立需要满足一定的前提条件，那就是收入不平等的扩大要在适当范围内，过于极端的收入不平等可能导致严重的经济社会后果。本章的研究对于如何认识不平等以及制定再分配政策时应该如何重构激励机制有一定参考价值。本章提出的实验设计方案，可在以后的进一步研究中去实施和拓展。

第九章　基于社会比较的劳动供给模型

【本章摘要】本章首先回顾了行为经济学家们打破新古典经济学纯粹利己主义的理性人假定、将社会偏好的概念引入经济分析中的开创性工作；其次在此基础上结合马克思关于人的自然属性和社会属性的思想，构造了一个包含有人的社会偏好因素的新的效用方程，并进一步给出了一个新的劳动供给模型①。此模型帮助我们发现了劳动力市场上两个重要的效应：社会一致性的微观效应和社会一致性的宏观效应。最后本章尝试着用此模型来解释在中国经济高速增长的某段历史时期农民工实际工资却始终在低处徘徊甚至下降的现象。

越来越多的经济现象使得新古典经济学纯粹利己主义的理性人假定面临困境。即使在主流经济学中，也早就有一些经济学家们偏离纯粹利己主义的传统来解释现实生活当中的经济行为。例如，贝克尔（Becker，1974）用利他主义来解释慈善捐助和公共物品的自愿提供；塞尔顿（Selton，1978）曾通过大量的实验案例讨论人们在现实决策中的行为，发现人们的利益分配行为显著地受到社会公正思想的影响；阿罗（Arrow，1981）、萨缪尔森（Samuelson，1993）以及森（Sen，1995）三位诺贝尔经济学奖得主都曾指出，人们的自私自利是有限的，在很多时候他们也会关心他人利益，关心物质利益的分配是否公平（董志强，2006；龚霁茸、费方域，2006）。对主流经济学这一基本假定的根本冲

---

① 本章改写自刘凯：《劳动供给：一个社会性的视角——兼对农民工工资状况的解释》，载于《中国劳动经济学》2007 年第 1 期。

击还是来自一些实验经济研究的证据，这些研究在此基础上也促进了行为经济学和实验经济学的建立与发展。

一个经典的例子就是对最后通牒博弈（ultimatum game）的实验研究。为了给出好的解释，经济学家们引入了社会偏好（social preference）或公平偏好等概念，构建了一些新的理论模型。所谓社会偏好，就是指决策者既关心自己的物质利益，也关心他人的物质利益；决策者的效用既取决于自己分配得到的物质利益，也取决于他人得到的物质利益。通过把社会偏好引入效用方程来对最后通牒博弈等实验的结果进行解释的模型比较有代表性的有两个：一个是查尼斯和拉宾（Charness and Rabin，2002）提出的引入了分配的绝对差额的效用函数模型；另一个是博尔顿和奥肯费尔斯（Bolton and Ockenfels，2000）提出的引入了分配的相对份额的效用函数模型。

查尼斯和拉宾（2002）以及博尔顿和奥肯费尔斯（2000）等提出的社会偏好理论模型除了被用来解释最后通牒博弈等实验的结果之外，也被广泛应用于其他经济研究领域，如劳动力市场运行、公司治理等。这一类理论模型为这些问题的研究提供了新的思路和工具。

其实，马克思早就指出：人具有二重性。一方面，人具有自然属性，有满足自己生物本能的需要，在经济社会中，这表现为人们追求自身物质利益的最大化；另一方面，人又处于一定的社会环境当中，具有社会属性。马克思的人的社会性是指人作为社会存在物而具有的特征，它是一个比较复杂的概念，包括人有用于社会交际的语言、有道德思维、有各种各样的社会关系等。人们关心他人的利益，关注分配公平只是人的社会性的表现之一，即人的社会性是一个比人的社会偏好更广的概念。在下文中，为了对现实进行合理的抽象，我们将人的社会性简单看成人的社会偏好。

本章试图在查尼斯和拉宾（2002）等研究成果的基础上，借鉴马克思的思想，通过将人的社会偏好或社会性引入效用方程，构建一个新的劳动供给模型。

第一节　劳动供给：一个社会偏好模型

如果说效用方程中社会偏好的因素在产品市场上所起的作用不是太明显的话，那么在劳动力市场上这种作用则是显而易见的。人们总是自觉不自觉地拿自己的消费水平、闲暇水平与周围人们的或者社会的平均水平进行比较，有些人关注别人的程度甚至超过关注自己。一般说来，自己的水平高出社会平均水平越多，人们的效用就越大，且一般也满足边际效用递减规律。这种比较并不一定是基于对高消费、高闲暇水平者的嫉妒和对低消费、低闲暇水平者的嘲笑，而更多的是基于人们之间相互竞争、相互追赶并在这种竞争中努力使自己跑在前面从而证明自己作为社会一分子的存在。几乎没有人甘愿在社会的大队伍中落后于别人，这可以说是人作为社会动物的一种本能。

根据马克思的思想，我们可以将人的效用方程分为两部分，一部分用来表征人的自然属性，这部分量的大小仅与人们自身的物质利益有关；另一部分用来表征人的社会性，我们借鉴查尼斯和拉宾（2002）的模型，认为这部分量的大小与人们自身的物质利益和社会平均水平的绝对差额有关。于是，我们重新定义的个人效用方程如下：

$$U = u(c,\ l) + v(c - m_1,\ l - m_2) \tag{9-1}$$

其中，U 代表总的效用；c，l 分别代表个人的绝对消费和闲暇水平；$m_1 = E\overline{c}$ 和 $m_2 = E\overline{l}$ 分别代表个人对社会平均消费水平和平均闲暇水平的预期；$c - m_1$ 和 $l - m_2$ 分别代表相对消费和闲暇水平。

并且我们假设边际效用递减规律在这里仍然起作用，即

$$u_1 = \frac{\partial u}{\partial c} > 0,\ u_2 = \frac{\partial u}{\partial l} > 0,\ u_{11} = \frac{\partial^2 u}{\partial c^2} < 0,\ u_{22} = \frac{\partial^2 u}{\partial l^2} < 0;\ v_1 = \frac{\partial v}{\partial (c - m_1)} > 0,$$

$$v_2 = \frac{\partial v}{\partial (l - m_2)} > 0,\ v_{11} = \frac{\partial^2 v}{\partial (c - m_1)^2} < 0,\ v_{22} = \frac{\partial^2 v}{\partial (l - m_2)^2} < 0。$$

我们还假设：$u_{12} = u_{21} > 0$，$v_{12} = v_{21} > 0$。做这样的假设既能保证无差异曲线凸向原点（即保证边际替代率递减规律的有效性），又具有现

实基础。实际上，我们既需要消费，又需要闲暇，二者缺一不可；当消费（闲暇）增加时，我们对于闲暇（消费）的边际效用也会增加，用数学的语言描述就是 $u_{12}>0$。同样地，追求相对消费更高的同时，我们也追求相对闲暇的更高，即 $v_{12}>0$。

请注意，如果我们假设 m_1 和 m_2 为固定不变的常数的话，总效用实际上可表示为：$U=U(c, l)$，且满足 $\frac{\partial U}{\partial c}=u_1+v_1>0$，$\frac{\partial U}{\partial l}=u_2+v_2>0$；$\frac{\partial^2 U}{\partial c^2}=u_{11}+v_{11}<0$，$\frac{\partial^2 U}{\partial l^2}=u_{22}+v_{22}<0$；$\frac{\partial^2 U}{\partial c \cdot \partial l}=u_{12}+v_{12}>0$。此时 U 就是新古典模型中的效用方程。

再来看看预算约束。我们有：

$$I_0+w(T-l)=c \tag{9-2}$$

其中，I_0 表示实际的初始财富；w 表示实际工资率；T 表示总的时间；$T-l$ 表示工作的时间；c 表示消费水平。假定 I_0 和 T 为不变的常数。

同时考察式（9-1）和式（9-2），于是劳动供给者便面临着以下问题：

$$\max_{(c,l)} U=u(c, l)+v(c-m_1, l-m_2)$$
$$\text{s.t. } I_0+w(T-l)=c \tag{9-3}$$

构造拉格朗日函数：

$$L=u(c, l)+v(c-m_1, l-m_2)+\lambda[I_0+w(T-l)-c] \tag{9-4}$$

于是一阶条件是：

$$\begin{cases} u_1+v_1=\lambda \\ u_2+v_2=\lambda w \\ I_0+w(T-l)=c \end{cases} \tag{9-5}$$

二阶条件是：

$$\Delta=w^2 \cdot A-2w \cdot B+D<0 \tag{9-6}$$

其中，$A=u_{11}+v_{11}$，$B=u_{12}+v_{12}$，$D=u_{22}+v_{22}$。

因为 $u_{11}<0$，$v_{11}<0$；$u_{12}>0$，$v_{12}>0$；$u_{22}<0$，$v_{22}<0$，所以 $A<0$，$B>0$，$D<0$，所以式（9-6）成立，二阶条件满足。

根据一阶条件，我们可以解出：

$$\begin{cases} c=c(w,\ m_1,\ m_2) \\ l=l(w,\ m_1,\ m_2) \\ \lambda=\lambda(w,\ m_1,\ m_2) \end{cases} \tag{9-7}$$

命题 9－1：个人的劳动供给量 $H=T-l$ 是实际工资率 w 的增函数。

证明：对式（9－3）进行全微分处理，我们得到：

$$\begin{cases} u_{11}dc+u_{12}dl+v_{11}(dc-dm_1)+v_{12}(dl-dm_2)=d\lambda \\ u_{12}dc+u_{22}dl+v_{12}(dc-dm_1)+v_{22}(dl-dm_2)=\lambda dw+wd\lambda \\ (T-l)dw+w(-dl)=dc \end{cases} \tag{9-8}$$

假定 $dm_1=dm_2=0$，代入方程组（9－8）中整理后得到：

$$\begin{cases} (u_{11}+v_{11})\left(\frac{\partial c}{\partial w}\right)+(u_{12}+v_{12})\left(\frac{\partial l}{\partial w}\right)-\frac{\partial \lambda}{\partial w}=0 \\ (u_{12}+v_{12})\left(\frac{\partial c}{\partial w}\right)+(u_{22}+v_{22})\left(\frac{\partial l}{\partial w}\right)-w\left(\frac{\partial \lambda}{\partial w}\right)=0 \\ \frac{\partial c}{\partial w}+w\cdot\left(\frac{\partial l}{\partial w}\right)=T-l \end{cases} \tag{9-9}$$

运用克莱姆法则（Cramer's Rule），我们可以得到：

$$\begin{cases} \frac{\partial c}{\partial w}=\frac{(T-l)\cdot(D-wB)-\lambda w}{\Delta} \\ \frac{\partial l}{\partial w}=\frac{\lambda+(T-l)(wA-B)}{\Delta}=\frac{\lambda}{\Delta}+\frac{(T-l)(wA-B)}{\Delta} \end{cases} \tag{9-10}$$

因为 $\Delta<0$，$T-l>0$，$\lambda>0$，$A<0$，$B>0$，$D<0$，$w>0$，所以 $\frac{\partial c}{\partial w}>0$，替代效应 $\frac{\lambda}{\Delta}<0$，收入效应 $\frac{(T-l)(wA-B)}{\Delta}>0$，但 $\frac{\partial l}{\partial w}$ 的符号不定。

当 w 较小时，替代效应起主要作用，$\frac{\partial l}{\partial w}<0$；当 w 非常大时，收入效应起主要作用，$\frac{\partial l}{\partial w}>0$。一般情况下，我们认为 w 不会大到收入效应起主要作用。这样，令 $H=T-l$，我们便得到向上倾斜的个人劳动供给曲线，如图 9－1 所示。

直到这里，我们所得到的结论与新古典模型基本完全一样。但请注意，我们的供给曲线还与 m_1 和 m_2 有关，即 $H=s=s(w,\ m_1,\ m_2)$。

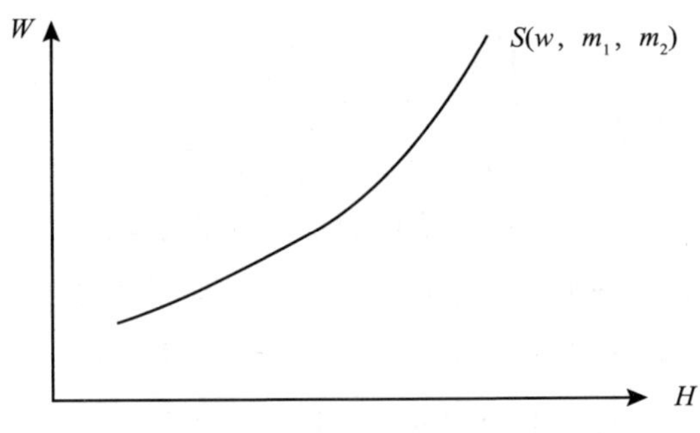

图 9-1　个人劳动供给曲线

命题 9-2：在其他条件不变的情况下，当人们预期社会平均消费水平增大时，他们也会增加其消费；当人们预期社会平均闲暇水平增大时，他们也会增加其闲暇，以与社会保持一致。

我们将上述现象称之为社会一致性的微观效应（microeffect of social consistency）。

证明：由式（9-8）我们可以得到：

$$\begin{cases}\dfrac{\partial c}{\partial m_1}=\dfrac{w}{\Delta}(wv_{11}-v_{12})\\ \dfrac{\partial l}{\partial m_1}=\dfrac{1}{\Delta}(v_{12}-wv_{11})\end{cases}\begin{cases}\dfrac{\partial c}{\partial m_2}=\dfrac{w}{\Delta}(wv_{12}-v_{22})\\ \dfrac{\partial l}{\partial m_2}=\dfrac{1}{\Delta}(v_{22}-wv_{12})\end{cases}\qquad(9-11)$$

我们知道：$\Delta<0$，$w>0$，$v_{11}<0$，$v_{12}>0$，$v_{22}<0$，所以：

$$\frac{\partial c}{\partial m_1}>0\qquad(9-12)$$

$$\frac{\partial l}{\partial m_1}<0\qquad(9-13)$$

$$\frac{\partial c}{\partial m_2}<0\qquad(9-14)$$

$$\frac{\partial l}{\partial m_2}>0\qquad(9-15)$$

式（9-12）和式（9-15）两个不等式即反映出命题 9-2 的结论。

综上所述，$l=l(w, m_1, m_2)$ 且 $\frac{\partial l}{\partial w}<0$，$\frac{\partial l}{\partial m_1}<0$，$\frac{\partial l}{\partial m_2}>0$；劳动供

给 $s = T - l = s(w, m_1, m_2)$，且 $\frac{\partial s}{\partial w} = -\frac{\partial l}{\partial w} > 0$，$\frac{\partial s}{\partial m_1} = -\frac{\partial l}{\partial m_1} > 0$，$\frac{\partial s}{\partial m_2} = -\frac{\partial l}{\partial m_2} < 0$。

在考察完个人劳动供给之后，我们再来考察市场上的劳动供给。

假设：第一，市场上有 N 个劳动供给者；第二，他们对社会平均消费和闲暇水平有相同的预期，分别为 m_1 和 m_2；第三，其中第 $i(i = 1, 2, \cdots, N)$ 个供给者的供给函数是 $s_i = s_i(w, m_1, m_2)$。则市场上的劳动供给函数为 $S = \sum_{i=1}^{N} s_i(w, m_1, m_2)$ 且

$$\begin{cases} S_1 = \frac{\partial S}{\partial w} = \sum_{i=1}^{N} \frac{\partial s_i}{\partial w} > 0 \\ S_2 = \frac{\partial S}{\partial m_1} = \sum_{i=1}^{N} \frac{\partial s_i}{\partial m_1} > 0 \\ S_3 = \frac{\partial S}{\partial m_2} = \sum_{i=1}^{N} \frac{\partial s_i}{\partial m_2} < 0 \end{cases} \tag{9-16}$$

当人们预期社会平均消费水平从 m_1 上升至 m_1' 时，市场上的劳动供给会增加，供给曲线会向右移（见图 9－2）。这一效果是由社会一致性的微观效应决定的。同理，当人们预期社会平均闲暇水平从 m_2 上升至 m_2' 时，市场上的劳动供给会减少，供给曲线会向左移（见图 9－2）。

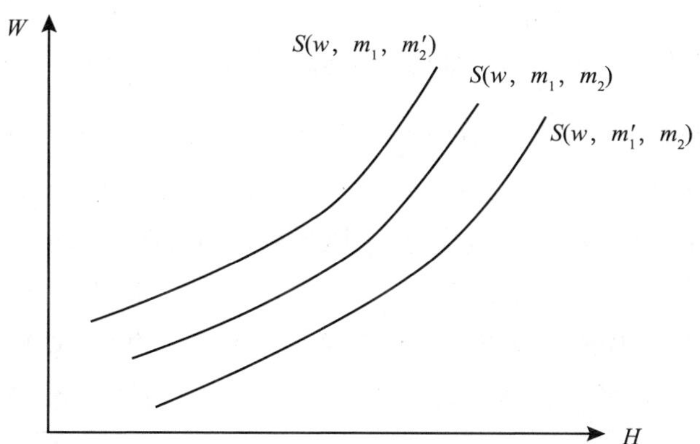

图 9－2　劳动供给曲线：社会一致性的微观效应

第二节　理性预期下的劳动力市场

接下来该考虑整个劳动力市场了。假设初始供给曲线是 $S=S(w, m_1, m_2)$，需求曲线是 $D=D(w)$，如图 9-3 所示。

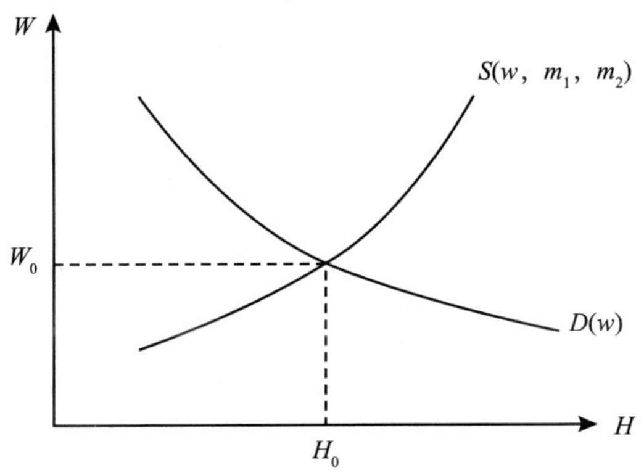

图 9-3　劳动力市场初始状态

这样便会确定一个市场的工资率 w_0 和社会总的劳动时间 H_0，并且每个劳动供给者都对应一定的消费量 c_i 和闲暇量 l_i，于是社会真实的平均消费水平为 $\bar{c}=\frac{\sum_{i=1}^{N} c_i}{N}$，平均闲暇水平为 $\bar{l}=\frac{\sum_{i=1}^{N} l_i}{N}$（$N$ 表示总人数）。

但这样并不是最终的结果，因为 m_1 不一定等于 $\bar{c}$，m_2 也不一定等于 $\bar{l}$。只要 $(m_1-\bar{c})^2+(m_2-\bar{l})^2 \neq 0$，每个劳动供给者就会改变原来的预期，改变他们的效应方程并最终改变市场的劳动供给函数，形成新的供给函数 $S'=S(w, \bar{c}, \bar{l})$。但这仍不是最终的结果，因为 $\bar{c}$ 和 $\bar{l}$ 中的 1 个仍然可能与新的社会平均水平不相等，这样，大家又会作出调整。这样的调整会一直持续下去，直至劳动供给者们的预期值与真实值完全相等。

下面我们在理性预期的假设下对此问题进行分析。首先，我们做如下假设：第一，市场上有 N 个劳动供给者，所有劳动供给者初始财富的平均值为 I_0；第二，每个劳动供给者对社会平均消费水平和平均闲暇水平有相同的预期，且预期值就是真实值 $\bar{c}$ 和 $\bar{l}$。于是供给函数如式（9－17）所示，其图形见图 9－4。

$$S = S(w,\ \bar{c},\ \bar{l}) \tag{9-17}$$

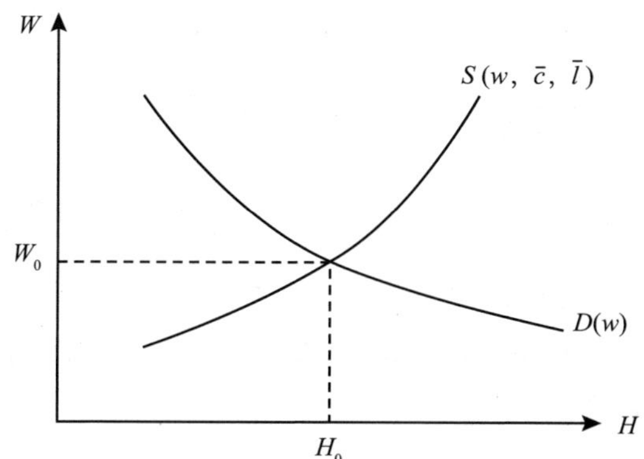

图 9－4　理性预期下劳动力市场的调整

此时，社会平均闲暇水平为：

$$\bar{l} = T - \frac{H_0}{N} \tag{9-18}$$

社会平均消费水平为：

$$\bar{c} = \frac{N \cdot I_0 + w_0 \cdot H_0}{N} = I_0 + \frac{w_0 \cdot H_0}{N} \tag{9-19}$$

又因为 $H_0 = D(w_0)$，将其代入式（9－18）、式（9－19）中，得到：

$$\bar{l} = T - \frac{D(w_0)}{N} \tag{9-20}$$

$$\bar{c} = I_0 + \frac{w_0 \cdot D(w_0)}{N} \tag{9-21}$$

再将式（9－20）、式（9－21）代入式（9－17）中，得到：

$$S = S\left[w,\ I_0 + \frac{w_0 \cdot D(w_0)}{N},\ T - \frac{D(w_0)}{N}\right] \tag{9-22}$$

也就是说，当供给函数为 $S=S\left[w,\ I_0+\frac{w_0\cdot D(w_0)}{N},\ T-\frac{D(w_0)}{N}\right]$ 时，其与需求函数 $D=D(w)$ 的交点便是 $[w_0,\ H_0=D(w_0)]$。此时，人们的预期值与实际值完全一样，市场达到均衡。且在均衡点处：

$$S=S\left[w_0,\ I_0+\frac{w_0\cdot D(w_0)}{N},\ T-\frac{D(w_0)}{N}\right]=D=D(w_0) \tag{9-23}$$

换句话说，均衡点可以看成是曲线 $S(w)=S\left[w,\ I_0+\frac{w\cdot D(w)}{N},\ T-\frac{D(w)}{N}\right]$ 与需求曲线 $D(w)$ 相交所确定的。

我们定义函数 $S(w)=S\left[w,\ I_0+\frac{w\cdot D(w)}{N},\ T-\frac{D(w)}{N}\right]$ 为理性预期下的劳动供给函数，则有：

命题 9-3：在发展中国家的劳动力市场上，理性预期下的劳动供给函数是 w 的增函数。

证明：$\frac{dS(w)}{dw}=S_1+\frac{S_2}{N}[D(w)+w\cdot D'(w)]-\frac{S_3}{N}\cdot D'(w)$，令 $E=\frac{S_2}{N}\cdot D(w)$；$F=\frac{S_2}{N}\cdot w\cdot D'(w)-\frac{S_3}{N}\cdot D'(w)$；$G=E+F$。则：

$$\frac{dS(w)}{dw}=S_1+G=S_1+E+F \tag{9-24}$$

其中，$S_1=\frac{\partial S}{\partial w}$ 称为个人效应，表示在预期社会平均消费水平和平均闲暇水平不变时，w 的变化对劳动供给的影响。根据前面的分析我们知道：S_1 可以分解成收入效应和替代效应两部分，且一般情况下替代效应起主要作用。由式（9-16）知：$S_1>0$。

$G=E+F$ 称为社会效应。其中 E 称为工资效应，表示在其他条件不变时工资水平的变化引起的社会平均消费水平的变化对劳动供给的影响；F 称为需求效应，表示在其他条件不变时 w 的变化引起了需求的变化从而引起的社会平均消费水平和闲暇水平的变化对劳动供给的影响。由式（9-16）可知：$S_2>0$，$S_3<0$；且 $D'(w)<0$，所以 $E>0$，$F<0$。

在 w 较小时，$D(w)$ 较大，工资效应起主要作用，此时 $G>0$；当

w 非常大时，需求效应起主要作用，此时 $G<0$。一般情况下，我们认为工资效应起主要作用，即 $G>0$。这一假设在发展中国家的劳动力市场上成立的可能性会更大。

因为 $S_1>0$，$G>0$，由式（9－24）可知：$\frac{dS(w)}{dw}>0$，即理性预期下的劳动供给函数是 w 的增函数。

于是均衡工资的确定可用图9－5表示。

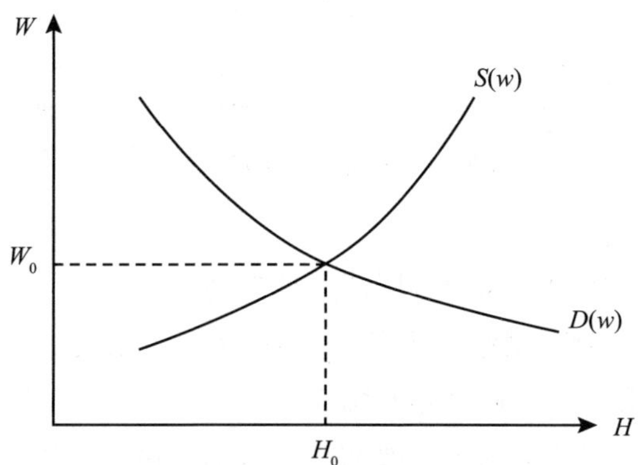

图9－5　均衡工资的确定

那么 $S(w)=S\left[w,\ I_0+\frac{w\cdot D(w)}{N},\ T-\frac{D(w)}{N}\right]$ 与 $S=S(w,\ \bar{c},\ \bar{l})$ ［其中 $\bar{c}=I_0+\frac{w_0\cdot D(w_0)}{N}$；$\bar{l}=T-\frac{D(w_0)}{N}$］是什么关系呢？根据理性预期的假设，在（$w_0$，$H_0$）这一点处，$S(w_0)=S(w_0,\ \bar{c},\ \bar{l})$。又 $\frac{dS(w)}{dw}=S_1+G$，$\frac{dS(w,\ \bar{c},\ \bar{l})}{dw}=S_1$，$G>0$，$\frac{dS(w)}{dw}>\frac{dS(w,\ \bar{c},\ \bar{l})}{dw}$，所以 $w>w_0$ 时，$S(w)>S(w,\ \bar{c},\ \bar{l})$；$w<w_0$ 时，$S(w)<S(w,\ \bar{c},\ \bar{l})$。

于是我们可以简单地表示为：$S(w)\approx S(w,\ \bar{c},\ \bar{l})+\alpha(w-w_0)$ （$\alpha>0$）。

将 $S(w)$，$D(w)$，$S(w,\ \bar{c},\ \bar{l})$ 在同一张图形中表现出来，如

图9－6所示。

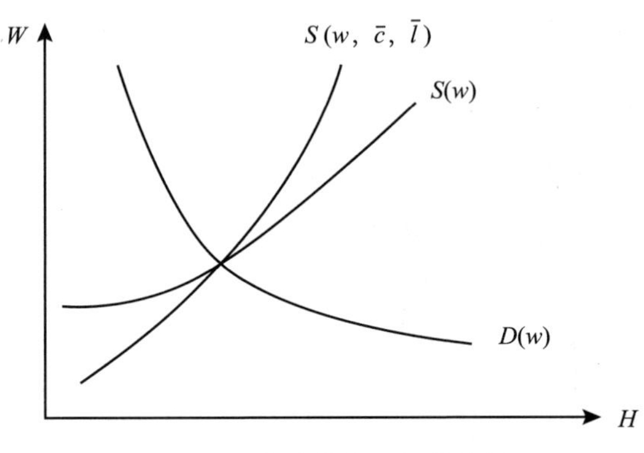

图9－6　劳动供给函数的变化

从以上的分析中，我们可以清楚地看到：

命题9－4：劳动供给函数与需求函数密切相关，而不像新古典模型中所描述的那样：它们是相对独立的。

这是劳动力商品区别于一般商品，劳动力市场区别于一般商品市场的重要特征。

第三节　社会一致性的宏观效应

在研究了供给、需求以及均衡的确定机制之后，我们自然要研究需求的变动对市场的影响。

命题9－5：劳动需求的增加会引起劳动供给的增加来满足增加的需求；同样地，当劳动需求减少时，劳动供给也会随之减少。

以上现象我们称之为社会一致性的宏观效应（macroeffect of social consistency）。

证明：假设在相同的工资水平下，厂商对劳动的需求增加了，如图9－7所示，需求曲线由 $D_1(w)$ 向右移至 $D_2(w)$。

因为，$S(w)=S\left(w, I_0+\frac{w\cdot D(w)}{N}, T-\frac{D(w)}{N}\right)$，所以$\frac{\partial S(w)}{\partial D}=S_2\cdot\frac{w}{N}-\frac{S_3}{N}$。

由式（9-16）可知，$S_2>0$，$S_3<0$，所以$\frac{\partial S(w)}{\partial D}>0$。

故 $S(w)$ 也会向右移动，如图 9-7 所示，供给曲线由原来的 $S_1(w)$ 向右移至 $S_2(w)$。这样，均衡点由 A 点变动到 B 点，比较可知：工资率基本稳定，但劳动量却有了较大的增加。同理，当需求曲线向左移动时也会导致供给曲线向上移动。

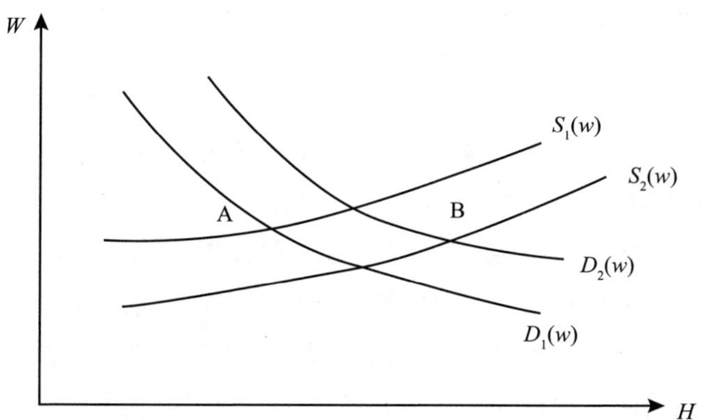

图 9-7　劳动力市场：社会一致性的宏观效应

第四节　模型的应用：对 21 世纪初农民工工资状况的解释

在中国，每年都有大量的农民从农村转移到城市成为农民工，如表 9-1 所示。

表 9-1　　1995～2005 年农民工人数　　单位：万人

指标	1995 年	1996 年	1997 年	1998 年	1999 年	2000 年	2001 年	2002 年	2003 年	2004 年	2005 年
人数	5 066	5 556	5 635	5 984	6 851	7 550	8 961	9 431	9 820	10 260	10 824

资料来源：赵长保：《农村劳动力外出就业与培训》，https：//www. docin. com/p－58076779. html。

他们的工资水平和工作时间又是如何呢？据统计，2001 年深圳市农民工的月工资平均为 588 元，低于 20 世纪 80 年代的水平（陆学艺，2005）。这 588 元的农民工月平均工资，大体上也与深圳市镇、村企业从业人员 2001 年的年平均工资 7 122 元基本吻合。[①] 尽管统计口径存在差异（例如，有人认为，深圳市农民工的月平均工资在 800 元左右（周清杰，2004）），但 10 余年来农民工的工资收入基本上没有什么变化甚至还稍有下滑已基本上成为共识。[②] 重庆市农村社会经济调查队 2004 年 10 月的调查显示：农民工的人均月工资只有 650 元，平均每天工作时间达 10. 5 小时（周清杰，2004）。广东农民工联合课题组早在 1995 年就已经指出，10 年来农民工实际工资不仅仅没有随着经济的高速增长而增加，反而稳中有降。[③] 2004 年全国总工会在广东省的调查显示，广东省最发达的珠三角地区外来工的工资十几年来一直在低位徘徊；就全国尤其是经济发达地区而言，尽管各地生活费用以及距主要民工输出地远近从而往返交通成本的高低各不相同，但假如我们扣除这些差异后，农民工的工资水平及其变动趋势几乎是一致的；近 10 多年来劳动力市场上农民工的名义工资变化不大或略有上涨，但实际工资则是下降的（郭继强，2005）。

为什么在中国经济快速增长的同时农民工实际工资基本不变甚至负增长呢？

我们很容易想到刘易斯（1954）的两部门剩余劳动模型：假设农

① 深圳市统计局：《深圳统计年鉴 2002》，中国统计出版社 2002 年版，第 232 页。

② 周正平：《1 亿农民工成为推动中国经济发展的新兴力量》，新华网，2003 年 8 月 22 日。

③ 广东农民工联合课题组：《在流动中实现精英移民——广东外来民工调研报告》，载于《战略与管理》1995 年第 5 期，第 112～120 页。

村剩余劳动力的供给曲线是完全弹性的，随着经济的扩张，农村剩余劳动力逐渐被转移出来，但工资水平基本是固定不变的。但此模型解释不了实际工资出现过的负增长。

而本章给出的模型能对此现象作出很好的解释：我们认为农村剩余劳动力的供给曲线是非常有弹性的（但不是完全弹性），随着经济的高速增长，很多企业会扩大生产规模并且不断有新的企业诞生，这都增加了对劳动的需求，导致劳动需求曲线的右移；由于社会一致性的宏观效应的存在，劳动供给曲线也会右移，这就导致了社会劳动总量的大幅增长（表现为农民工数量的大幅增长以及他们每周平均工作时间的延长）和实际工资率的基本不变甚至下降，而社会劳动总量的大幅增长意味着经济总量（GDP）的大幅增长；虽然平均劳动时间有所增长，但由于实际工资率基本不变甚至下降，所以实际工资水平增幅不够大，甚至还有下降的可能。

随着经济的增长，人们的平均生活水平不断提高，即使城市里农民工的工资没有增长，作为有社会偏好的人，农村里原来不准备出去打工的人现在准备出去了、原来已经在城市里打工的人现在准备投入更多的劳动，以此来增加自己的收入以与整个社会在经济上的进步保持一致。而他们这样做的结果就是农民工的实际工资水平基本不变，甚至是负增长。

第五节　结　　论

本章通过将人的社会偏好引入效用方程构造了一个新的劳动供给模型，并发现了两个重要的效应：社会一致性的微观效应和社会一致性的宏观效应，并且尝试着用此模型来解释在中国经济高速增长的同时农民工实际工资却始终在低处徘徊甚至下降的现状。当然，本模型还可以进一步发展：将劳动力市场分割为低技能的农民工市场和城镇劳动力市场进行更精细的分析；将最低工资引入此模型；讨论均衡处的福利效果，分析市场均衡与帕雷托最优之间的差异，并据此对工会和政府提出政策建议等。

第十章 “无创新致富”对经济效率和居民幸福感的影响

【本章摘要】 本章将探讨“无创新致富”这一现象会对经济效率和居民幸福感产生怎样的影响①。经历了改革开放40多年的快速发展，中国富豪阶层的数量及其财产规模都达到了惊人的水平。与成熟发达经济体相比，中国富豪阶层的一个显著特点是：不是通过技术、生产方式等的革新而是通过“寻租”等“非创新”形式来快速获取巨额财富的富豪人数众多。我们把这种现象称之为“无创新致富”。“无创新致富”通过社会比较等传导渠道对中国居民的福利以及中国经济的效率都产生了极大的负面影响。政府应该努力降低无创新致富这种负外部性极强的“商品”的“供给”。在今后中国经济仍需较快增长、收入及财产不平等程度难以出现根本性逆转的较长时期内，努力减少“无创新致富”现象，是保障社会和谐、实现幸福感层面上共同富裕的必然要求。

经历了改革开放40多年的快速发展，中国经济无论是在总量规模上还是在生产效率上都取得了长足的进步，但贫富差距、分配不公的问题也越来越严重。一方面，中国还有大量的贫困和低收入人口；另一方面，中国富豪阶层的数量及其财产规模都达到了惊人的水平，并仍在快速增长（见图10－1）。根据胡润研究院的研究，中国前1 000名富豪的平均财富从2008年的30亿元增长至2014年的76亿元，增长幅度超过

---

① 本章改写自刘凯：《正视“无创新致富”现象》，载于《中国经济报告》2016年第5期。

153%，但同期中国成人的人均财富量增长率仅为54%。一般来说，收入不平等与财富不平等的扩大会导致严重的经济社会问题，但在中国当前的状况下，由于“无创新致富”的大量存在，这一问题会变得更加突出。

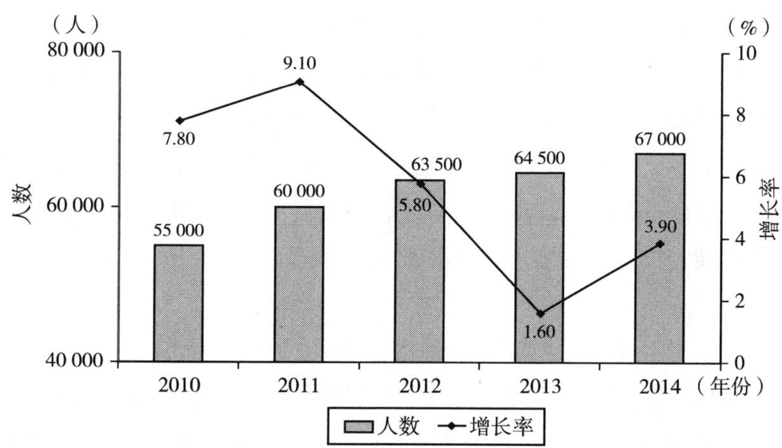

图10－1 中国个人总资产超过1亿元人民币人群的数量及增长率

资料来源：胡润研究院。

第一节 中国富豪阶层的一些特点

与成熟发达经济体相比，中国富豪阶层的一个显著特点是：不是通过技术、生产方式等的革新而是通过“寻租”、官商勾结等形式来快速获取巨额财富的富豪人数众多。我们把这种现象称之为“无创新致富”。① 这里的“创新”沿用熊彼特的定义，它是指把一种新的生产要素和生产条件的“新结合”引入生产体系之中，具体来说，包括五种情况：引入一种新产品、引入一种新的生产方法、开辟一个新的市场、

① 本章所定义的“无创新致富”人群与陈彦斌教授所提的“创新型富裕人群”的相反面是一致的（陈彦斌，2016）。

获得原材料或半成品的一种新的供应来源以及发展出一种新的组织形式。熊彼特的创新概念外延很广，既包括技术性变化的创新，也包括非技术性变化的组织创新。在这里，与其他一些研究者的认识所不同的是，我们认为：缺乏技术创新、主要通过中国低成本优势以及规模经济推动的房地产行业，只要不是主要依靠非法寻租来获取巨额利润的，也都属于广义上的"创新"活动。中国的富豪群体中，有相当大的比重来自房地产行业，他们通过组织新的房地产生产方式、开辟新的销售市场等创新形式推动了中国房地产行业和中国经济的发展，其企业家精神是值得肯定的。但是，房地产富豪中，也有一些人是通过非法手段获取土地经营权、非法压缩成本制造"豆腐渣"工程以及压低拖欠工人工资等非创新方式致富的，这些富豪属于我们所讨论的"无创新致富"范畴。

中国的"无创新致富"主要集中在以下几个领域：一是与土地、自然资源相关的可以产生大量经济租金的行业；二是参与官商勾结、获取巨额"灰色"收入的腐败官员群体；三是存在委托代理问题和道德风险的国有企业。简单来说，中国的"无创新致富"富豪包括通过"寻租"迅速积累财富的民营企业家、通过贪污受贿非法获取巨额财产的腐败官员以及通过非法变卖转让国有资产鲸吞全民资产的国有企业领导，等等。在中国的富豪群体中，隐形富豪所占比重很大。根据胡润研究院的估算①，2014 年资产量超过 10 亿元、20 亿元和 100 亿元人民币的中国隐形富豪人数分别达 8 300 人、3 200 人和 300 人，占同期阳光富豪人数的比例分别为 196%、220% 和 114%。在这些隐形富豪中，通过官商勾结方式非法获取经济租金的商人和官员占了很大比重，这也是他们为什么"隐形"的重要原因之一。有研究发现，2008 年中国"灰色"收入已达到 5.4 万亿元，约占当年 GDP 的 15%，而且这些灰色收入主要是围绕权力产生的（王小鲁，2010）。

① 胡润研究院：《中国超高净值人群需求调研报告（2014～2015）》。

第二节 “无创新致富”的经济社会影响：基于社会比较的视角

“无创新而巨富”这一经济社会现象，对于中国经济来说具有重大的消极影响。我们通过行为经济学中“社会比较”（social comparison）这一概念来具体阐述“无创新致富”在社会福利以及经济效率两个层面对中国经济的影响。

（一）“无创新致富”、社会比较与幸福感不平等

经济学研究的两大核心问题是效率与公平。所谓公平问题，指的就是某些表征个体特征的经济指标在全社会范围内的分布状况，如被广泛关注的收入分配问题、财富分配问题。但是，主流经济学理论认为，市场经济中个体行为是他们最大化其效用函数的结果，人们其实并不直接关注自己的收入或者财产水平，而是由这些经济指标决定效用水平。所以，幸福感不平等是比收入不平等、财富不平等更具有第一性的经济社会问题，一些学者建议用幸福感不平等这一指标来反映整个社会的不平等程度（Veenhoven，2005）。研究人们的效用或者幸福也是福利经济学的主题，而一般来说，福利分析是给出科学的政策建议的基础。根据行为经济学的研究，因为社会比较的存在，所以人们的幸福感既取决于他们的收入或者财富水平，也取决于他们所选取的参照点（reference point），收入或者财富的绝对差距并不一定导致强烈的幸福感差距。换句话说，人们的幸福感取决于经过社会比较后的相对收入距离或者相对财富距离，简单来说，等于人们的绝对收入水平或者绝对财富水平与他们选取的参照点的比值（Easterlin，1995；Clark et al.，2008）。

“无创新致富”会通过社会比较使得由于收入不平等而导致的中国居民幸福感不平等程度进一步恶化，进而直接影响到社会福利和社会和谐。受“大同”“不患寡而患不均”等传统儒家思想观点的影响，中国

人对于贫富不均的敏感度很高，共产主义主流意识形态以及现代社会民主平等思想使得这种敏感度进一步加强。当人们把通过“寻租”、贪腐等无创新手段实现致富的人群作为他们的参照点时，他们的不幸福感程度会显著增强，因为他们会这样认为，这些无创新致富人群，在智力水平、受教育程度等人力资本指标上并不比他们自己强多少，如果不是依靠“寻租”、贪腐等手段，这些富裕人群的财富水平不会比他们自身高出多少，这种较小的人力资本距离使他们通过社会比较产生更强烈的嫉恨感和不幸福感。所以，虽然如图 10－2 所示，自 2008 年以来中国居民收入的基尼系数整体是在不断下行的，但社会上和网络上针对不平等的抱怨不降反升。

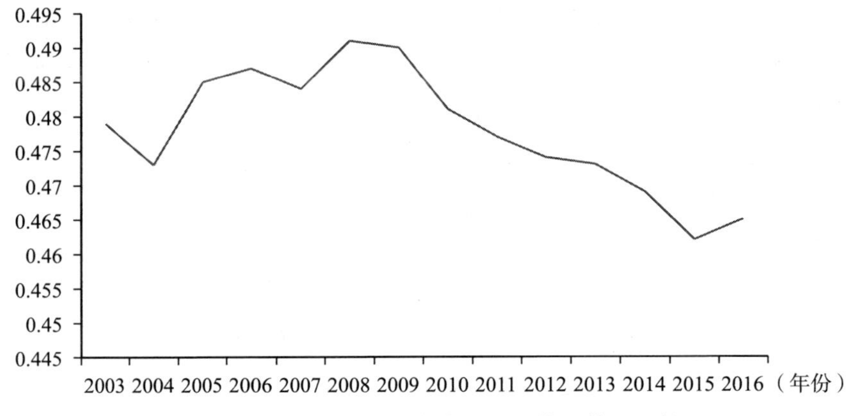

图 10－2　2003～2016 年全国居民收入基尼系数

资料来源：国家统计局。

“无创新致富”现象在中国的大量存在以及网络媒体等现代传媒的发达，使得所谓的“仇富”情绪无论是在互联网上还是在现实生活中都广泛存在，且有愈演愈烈的趋势。所谓的“仇富”，并不是对富裕本身的仇恨，而是对“无创新致富”的不满。一般来说，人们并不会对比尔·盖茨、柳传志、马云等创新性富豪产生太强烈的嫉恨情绪。从行为经济学角度来讲，“仇富”是财富距离或者收入距离远大于人力资本距离时，人们通过社会比较所产生的一种强烈的负面情绪。我们可以将财富距离与人力资本距离的比值定义为一个度量社会不平等程度的指标，无创新致富现象越严重，这一指标的值就会越大，人们通过社会比较产生的不幸福感程度就会越高，进而社会的不和谐程度以及由此可能引发的社会混乱就会越严重。

关于无创新致富通过社会比较对社会福利和幸福感不平等的影响，我们可以进一步收集数据进行深入的实证研究，也可以尝试建立数学模型来进行理论研究。

（二）“无创新致富”、社会比较与经济效率

“无创新致富”也会通过物质资本错配、人力资本错配等渠道对中国经济效率产生消极影响。通过“寻租”、贪腐等无创新手段实现财富积累，本质上是获取、分享经济租金的行为。一方面，“寻租”过程产生的巨大交易成本会通过高企的房价、远高于边际成本的资源价格以及频发的矿难等形式转嫁到普通人群身上，造成经济学意义上的效率损失；另一方面，这些“无创新致富”的富裕人群，往往挥霍无度，他们财产的很大一部分并没有投入社会再生产过程之中，从而造成经济资源的浪费。如果政府对“无创新致富”现象漠视、依法治国力度不强，那么，“无创新致富”将会在社会上产生坏的示范效应，这会引导更多的社会资本流入“无创新致富”过程之中而不是投入实体经济，从而引起物质资本错配的恶性循环，对中国经济的整体效率造成极大的负面影响。

无创新致富通过社会比较不仅会直接影响人们的幸福感和社会的幸福感不平等，也会间接影响人们的经济行为，如职业选择。一个明显的例子就是前些年所谓的公务员热。总体来说，公务员本身对社会的整体经济效率贡献有限，不及科研工作者、熟练工人以及企业家的贡献。但如果“灰色”收入以及“无创新致富”腐败官员的存在较为普遍，那么这会通过社会比较效应影响年轻人的职业选择。于是，大量人力资本远能够胜任公务员的年轻大学生们选择报考公务员，造成了公务员热。这一现象导致了中国社会人力资本的巨大错配，从而极大地损害了中国经济的整体效率。关于“无创新致富”对物质资本

和人力资本错配以及经济效率的影响，我们可以进一步地建立数学模型来进行理论研究。图 10 - 3 总结了“无创新致富”对中国经济效率与公平的影响。

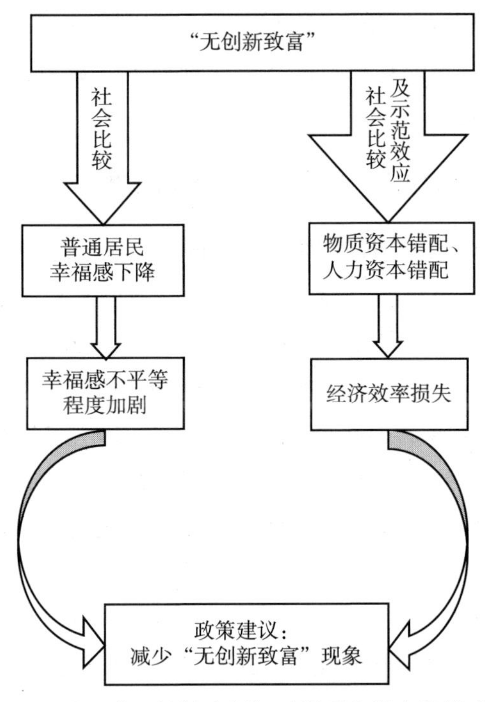

图 10 - 3 “无创新致富”对福利和效率的影响

第三节 结论与政策建议

通过前面的分析，我们可以看到，“无创新致富”通过社会比较等传导渠道对中国居民的福利以及中国经济的效率都产生了极大的负面影响。政府应该努力降低“无创新致富”这种负外部性极强的“商品”的“供给”。具体来说，我们提出以下政策建议：

第一，切实发挥市场在配置资源中的决定性地位，并以完善的法制来保证市场经济的运行，建设高效廉洁的服务型政府，以此来抑制通过

“寻租”、贪腐而实现“无创新致富”的现象。对工程项目的行政审批制度应该朝着公开化、透明化、精简化的方向改革，并接受群众和媒体的监督。

第二，在加强对私有产权保护力度的同时，也要加强对土地、自然资源、国有企业等国有资产的产权保护，使国有资源和资本以公开、透明、有效的方式发挥其在国民经济中的作用，以此来遏制通过贱卖国有资产、非法私有化等方式而导致的“无创新致富”行为。对于土地、自然资源等的利用，应该逐渐以公开拍卖、招标等方式来逐渐取代行政审核、协商等容易暗箱操作的制度。例如，2006 年国务院发布了《国务院关于加强土地调控有关问题的通知》，明确要求工业用地必须采用招拍挂方式出让，这是一个巨大的进步。

与贫富差距相对的一个概念就是“共同富裕”。共同富裕的理想不仅植根于中国传统文化之中，也是中国共产党的执政目标之一，并被写入中国的宪法。所以，怎么科学地理解共同富裕至关重要，它关系到诸多公共政策的制定。通过探究“无创新致富”通过社会比较这一渠道对社会福利的影响，我们可以更好地理解中国社会应该追求的是什么样的共同富裕。物质上的共同富裕面临两个问题。一是人类几千年的历史以及新中国几十年的实践表明，要想实现物质上的共同富裕同时又保持经济体系运行的高效性是很困难的。除了富有者自身腐化堕落，市场经济本身并没有有效的机制使富有者的财富积累慢于贫穷者。最近的经济史研究，如皮凯蒂（2014）也印证了这一点。政府可以通过对富豪征收极高的财产税来实现物质上的相对共同富裕，但高税收对于经济效率的扭曲使之不适合依然较为落后的发展中的中国。二是物质上的共同富裕并不等价于幸福感上的共同富裕。假定居民的人力资本分布并没有改变，政府通过各种措施实现了物质上的共同富裕，根据之前的分析，高人力资本者的幸福感通过社会比较会降低。因为，此时的低人力资本者本质上也是无创新致富者，他们与高人力资本者的人力资本距离巨大，但财富距离却很小。

所以，在每个人都充分自由发展、每个人的人力资本都处于很高水平的高级社会发展阶段没有来临之前，共同富裕指的不应该是物质上的同等富裕，而是精神上的平等富裕。在今后中国经济仍然需较快增长、收入及财产不平等程度难以出现根本性逆转的较长时期内，努力减少“无创新致富”现象，是保障社会和谐稳定、实现幸福感层面上共同富裕的必然要求。

第十一章　结　　语

本书基于传统的收入分配和财产分配视角，以及较为新颖的居民幸福感分布视角，综合使用多种研究方法，系统讨论了当前中国的分配与公平问题。本书的主要结论如下：

第一，就收入分配而言，中国城镇和农村的居民收入基尼系数已经达到较高水平，与美国等发达国家的差别逐渐缩小。城镇居民收入分布差距扩大的主要原因在于，收入分布顶端的家庭收入增加迅速，而收入分布底端的家庭则变得相对贫困。与农村居民的收入分布相比，城镇居民的收入不平等程度更高。

第二，就财产分配而言，我国财产分配的不平等程度已经比较严重，农村财产分布的基尼系数已经超过城市。金融性资产和房产分布的不平等是净财产分布不平等的主要来源。户主投资参与度与风险偏好度的提高有利于家庭财产水平的增加，职业、受教育程度等因素也会对居民的财产积累产生显著影响。

第三，从宏观收入分配格局来看，1992～2011 年我国初次分配中利润份额不断上升，利润份额上升主要由企业部门利润增加所致，而同期住户部门利润份额则始终在低位徘徊。从宏观层面提升住户部门收入份额（包括提高劳动者报酬和住户部门的资本回报），对于扩大内需、降低经济对外依存度有积极作用。

第四，就居民幸福感分布而言，2009 年之后，伴随着中国由中等偏下收入国家上升为中等偏上收入国家，中国居民的幸福感不平等程度也随之扩大。这种变化主要是由系数效应带来的，即影响幸福感的因素与幸福感之间的关系发生了显著变化。经济学实验研究表明：相对收入信息会降低低收入者的幸福感，增加高收入者的幸福感，从而会扩大幸福感不平等；相对收入对幸福感不平等的影响主要是通过对不同收入群体之间社会比较的影响而实现的；增加中等收入者的比例可以显著降低幸福感不平等。

第五，相对收入和社会比较不仅会影响到居民幸福感，也会影响到个体行为，如慈善行为、工作努力程度以及劳动供给，从而对经济社会产生更广泛的影响。有关相对收入的信息会增加个体的绝对捐赠额；相比于低收入者，高收入者捐赠的绝对金额更多，但他们的捐赠额占其收入的比重却比低收入者可能要低。收入不平等程度的增加，会通过相对收入渠道激励个体提高工作努力程度，进而会导致总产出增加，在适度范围内的收入不均等是有利于经济社会发展的。当存在社会比较效应时，劳动供给曲线与劳动需求曲线密切相关，而不是新古典模型所认为的是相互独立的关系，劳动需求的扩张本身会拉动劳动供给的扩张，产生一种协同效应。“无创新致富”这一现象会通过社会比较等传导渠道对中国居民的幸福感不平等以及中国经济的效率都产生极大的负面影响。

第六，未来中国需要的应该是这样一种“共同富裕”：在人均收入水平较高的条件下，实现收入分配、财产分配以及居民幸福感分布的适度平等。除了完善初次分配和再分配制度，政府还要基本消除明显的社会不公现象（如腐败、“寻租”等导致的“非创新致富”现象），并继续提高居民的平均受教育水平、完善就业和社会保障政策、发展慈善事业等，努力实现居民幸福感层面的平等。

2020 年是全面打赢脱贫攻坚战的收官之年，也是全面建成小康社会目标实现之年。中国政府在基本消除绝对贫困、努力提升城乡居民收入和获得感方面的努力，将较大地改善中国居民收入分配和财产分配的状况，并有助于降低幸福感不平等。将来，随着居民收入的继续增加、中等收入阶层的不断扩大、社会保障和福利政策的进一步完善以及“平等”“公正”“法治”等社会主义核心价值观在社会各个层面的落地生根，中国的社会公平程度有望进一步提升。

就学术研究而言，笔者觉得可以从以下几个方面对分配和公平问题继续进行深入探讨。首先，对社会主义平等和公平正义的理念进行更多哲学层面的探讨，并将其与社会主义市场经济体制结合起来，从多维视角来研究未来中国实现共同富裕的基本路径及其经济学机制。其次，继续使用经济学实验方法和更丰富的微观调查数据，对中国居民幸福感分布及其不平等问题进行深入研究。最后，在一段时期内收入、财产以及居民幸福感的分布一般都较为稳定，因此，可将其视为相对外生的变量，研究它们对中国宏观经济的影响，包括对经济增长、金融风险以及宏观政策传导效率的影响。

附　　录

表 A1　　财产函数回归结果

指标	2005 年城镇		2007 年城镇		2007 年农村	
	系数估计值	t-value	系数估计值	t-value	系数估计值	t-value
常数项	43 213. 37***	9. 53	100 039. 32***	7. 19	5 300. 32	0. 40
家庭收入	1. 11***	9. 72	0. 18	1. 35	-0. 43***	-3. 34
家庭人口数	545. 82	0. 63	-2 309. 31	-1. 01	5 765. 81***	5. 05
年龄						
小于 20 岁	7 142. 59	0. 88	-46 463. 43*	-1. 85	31 347. 94	1. 60
20 ~ 29 岁	-2 976. 98	-0. 92	-19 152. 47**	-2. 72	15 935. 49*	1. 73
30 ~ 39 岁	—		—		—	
40 ~ 49 岁	2 546. 41	1. 27	3 083. 59	0. 44	-464. 12	-0. 09
50 ~ 59 岁	7 152. 23***	3. 26	21 787. 57*	1. 81	-1 621. 25	-0. 28
大于 60 岁	8 310. 35**	2. 51	10 378. 27	0. 45	-4 584. 54	-0. 40
职业						
1	4 565. 70*	1. 70	19 386. 93**	1. 95	32 449. 45***	3. 97
2	—		—		—	
3	2 630. 27	1. 28	3 236. 25	0. 50	23 944. 97***	2. 61
4	-721. 14	-0. 32	9 399. 07	0. 95	-3 079. 65	-0. 55
5	-10 230. 09**	-2. 00	-40 328. 79**	-2. 24	8 216. 97	1. 25
6	6 830. 00**	1. 95	10 322. 44	1. 08	-19 049. 46	-1. 26

续表

指标	2005 年城镇		2007 年城镇		2007 年农村	
	系数估计值	t-value	系数估计值	t-value	系数估计值	t-value
7	2 609	1. 39	−18 773. 35**	−2. 24	4 391. 11	0. 69
婚姻状况						
已婚	5 732. 54*	1. 75	1 924. 76	0. 28	13 483. 93	1. 34
未婚	—		—		—	
离异	6 669. 68	0. 96	11 283. 29	0. 96	−3 369. 9	−0. 17
丧偶	2 582. 51	0. 30	15 231. 25	0. 63	47 888. 70***	2. 76
健康状况						
非常好			15 409. 25*	1. 90	6 456. 17	1. 03
好			5 192. 39	0. 72	4 046. 82	0. 88
一般			—		—	
差			−13 812. 53	−0. 85	−11 442. 34	−1. 08
非常差			28 609. 78	0. 64	−7 825. 96	−0. 32
教育程度						
文盲			33 167. 66	0. 94	−11 027. 72	−1. 17
小学和初中			647. 67	0. 07	146. 15	0. 03
高中和中专			—		—	
大专和本科			20 667. 17***	3. 08	−17 862. 15**	−2. 53
研究生			47 470. 35***	3. 32		
政治面貌						
共产党员			11 638. 41*	1. 65		
民主党派成员			11 342. 93	0. 77		
无党派人士			—			
Adj − R	0. 10		0. 07		0. 12	
F-value	8. 62		3. 95		3. 68	

表 A2　　问卷信息

<table>
<tr><th rowspan="2">变量</th><th colspan="8">不同年份 CGSS 问题编号/变量描述</th></tr>
<tr><th>2003 年</th><th>2005 年</th><th>2006 年</th><th>2010 年</th><th>2011 年</th><th>2012 年</th><th>2013 年</th><th>2015 年</th></tr>
<tr><td>被解释变量</td><td></td><td></td><td></td><td></td><td></td><td></td><td></td><td></td></tr>
<tr><td rowspan="2">happiness</td><td>I3</td><td>E03</td><td>E49</td><td>A36</td><td>A36</td><td>A36</td><td>A36</td><td>A36</td></tr>
<tr><td colspan="8">取 1 至 5，分别表示受访者感觉非常不幸福、不幸福、一般（处于幸福与不幸福之间）、幸福与非常幸福</td></tr>
<tr><td>解释变量</td><td></td><td></td><td></td><td></td><td></td><td></td><td></td><td></td></tr>
<tr><td rowspan="2">gender</td><td>Gender</td><td>A2</td><td>A01</td><td>A2</td><td>A2</td><td>A12</td><td>A2</td><td>A2</td></tr>
<tr><td colspan="8">哑变量，取 1 表示受访者为女性。</td></tr>
<tr><td rowspan="2">age dummies</td><td>Age</td><td>A3</td><td>Age</td><td>A3</td><td>A3</td><td>A14</td><td>A3</td><td>A3</td></tr>
<tr><td colspan="8">五个哑变量，取 1 时分别表示受访者的年龄处于 24 岁以下、25 ~ 34 岁、35 ~ 44 岁、45 ~ 54 岁、55 至 64 岁</td></tr>
<tr><td rowspan="2">educ dummies</td><td>B3</td><td>B03</td><td>A05</td><td>A7</td><td>A7</td><td>A7</td><td>A7a</td><td>A7a</td></tr>
<tr><td colspan="8">六个哑变量，取 1 时分别表示受访者未接受教育、小学学历、初中学历、高中学历、大学学历、大学以上学历。</td></tr>
<tr><td rowspan="2">single</td><td>B1</td><td>B01</td><td>D01</td><td>A69</td><td>A69</td><td>A69</td><td>A69</td><td>A69</td></tr>
<tr><td colspan="8">哑变量，取 1 表示单身，取 0 表示有配偶或伴侣生活在一起</td></tr>
<tr><td rowspan="2">hincome</td><td>D9</td><td>C09</td><td>D 36</td><td>A62</td><td>A62</td><td>A62</td><td>A62</td><td>A62</td></tr>
<tr><td colspan="8">家庭收入</td></tr>
<tr><td rowspan="2">rincome</td><td>D13</td><td>C13</td><td>E9a</td><td>A64</td><td>A64</td><td>A64</td><td>A64</td><td>A64</td></tr>
<tr><td colspan="8">取 1 至 5，分别表示受访者认为其收入水平非常不公平、不公平、可接受、相对公平、公平</td></tr>
<tr><td rowspan="2">city</td><td>N. A.</td><td>Qs2c</td><td>S3</td><td>S5</td><td>S5</td><td>S5</td><td>S5b</td><td>S1</td></tr>
<tr><td colspan="8">哑变量，取 1 表示来自城市，取 0 表示来自农村</td></tr>
<tr><td rowspan="2">house</td><td>D2</td><td>C02</td><td>D16</td><td>A12</td><td>C7</td><td>A12</td><td>A12</td><td>A12</td></tr>
<tr><td colspan="8">哑变量，取 1 表示受访者或其配偶拥有房屋或公寓</td></tr>
<tr><td rowspan="2">work</td><td>A7</td><td>A7</td><td>B01</td><td>A53</td><td>A53</td><td>A53</td><td>A53</td><td>A53</td></tr>
<tr><td colspan="8">哑变量，取 1 表示上周至少工作 1 小时，并取得收入（包括从军）</td></tr>
</table>

表 A3　　2003～2015 年中国幸福感不平等的 RIF 回归结果：以基尼系数衡量幸福感不平等

变量	(1)	(2)	(3)	(4)
	全样本	时期 0	时期 1	时期 2
	RIF（Gini）	RIF（Gini）	RIF（Gini）	RIF（Gini）
gender	-0.00237** (0.00112)	-0.00335* (0.00182)	-0.00199 (0.00156)	-0.00263 (0.00187)
*age*24	-0.0122*** (0.00232)	-0.0109** (0.00446)	-0.00256 (0.00541)	-0.0146*** (0.00455)
*age*34	0.00309* (0.00177)	0.00595* (0.00335)	0.00550 (0.00342)	0.00174 (0.00283)
*age*44	0.00979*** (0.00131)	0.00912*** (0.00296)	0.00911*** (0.00254)	0.00937*** (0.00252)
*age*54	0.0116*** (0.00124)	0.00958*** (0.00278)	0.0106*** (0.00239)	0.0137*** (0.00258)
*educ*2	-0.00834*** (0.00243)	-0.0101** (0.00408)	-0.0109*** (0.00369)	-0.00428 (0.00415)
*educ*3	-0.0141*** (0.00240)	-0.0139*** (0.00407)	-0.0183*** (0.00356)	-0.0112*** (0.00407)
*educ*4	-0.0167*** (0.00263)	-0.0130*** (0.00417)	-0.0219*** (0.00372)	-0.0122*** (0.00433)
*educ*5	-0.0253*** (0.00266)	-0.0211*** (0.00468)	-0.0298*** (0.00396)	-0.0210*** (0.00473)
*educ*6	-0.0209*** (0.00606)	-0.0122 (0.0149)	-0.0293*** (0.00994)	-0.0169 (0.0113)
single	0.0291*** (0.00186)	0.0292*** (0.00382)	0.0256*** (0.00326)	0.0311*** (0.00313)
ln*hincome*	-0.00373*** (0.000741)	-0.0119*** (0.00188)	-0.00157 (0.00135)	-0.00271** (0.00113)
poor	0.0206*** (0.00179)	0.0141*** (0.00289)	0.0240*** (0.00319)	0.0145*** (0.00327)
rich	0.00566*** (0.00146)	0.0198*** (0.00284)	0.00566** (0.00254)	0.00729*** (0.00262)
rincome	-0.0305*** (0.000791)	-0.00950*** (0.00105)	-0.0368*** (0.00144)	-0.0391*** (0.00179)

续表

变量	(1)	(2)	(3)	(4)
	全样本	时期0	时期1	时期2
	RIF（Gini）	RIF（Gini）	RIF（Gini）	RIF（Gini）
city	-0.00572*** (0.00123)	-0.00397 (0.00294)	-0.00455** (0.00218)	-0.00867*** (0.00241)
house	-0.00329** (0.00135)	-0.00893*** (0.00204)	-0.000881 (0.00202)	0.000990 (0.00255)
work	-0.00452*** (0.00108)	-0.0124*** (0.00234)	-0.00311 (0.00206)	-0.000228 (0.00167)
Constant	0.253*** (0.00835)	0.284*** (0.0189)	0.218*** (0.0147)	0.217*** (0.0130)
Year	Controlled	Controlled	Controlled	Controlled
Province	Controlled	Controlled	Controlled	Controlled
Observations	61 231	17 788	24 097	19 346
R-squared	0.089	0.059	0.084	0.077

注：本表利用 RIF 回归方法对幸福感不平等程度（Gini 系数）进行回归分析。被解释变量是幸福感差距，解释变量包括性别、年龄、教育水平、收入变量、城市虚拟变量、是否拥有房屋产权、是否有工作。回归系数表示变量对幸福感不平等的影响。我们控制了省份和年份的固定效应。括号内为 Bootstrap 标准误。***、**、*分别表示1%、5%和10%的显著性水平。

表 A4　2003～2015 年中国幸福感不平等的 RIF 回归结果：额外控制健康、子女、社会公平、党员身份这 4 个变量

变量	(1)	(2)	(3)	(4)
	全样本	时期0	时期1	时期2
	RIF（variance）	RIF（variance）	RIF（variance）	RIF（variance）
gender	-0.0160 (0.0128)	-0.0016 (0.0146)	0.0097 (0.0242)	-0.0219 (0.0177)
age24	-0.0408 (0.0381)	-0.0466 (0.0470)	0.2005* (0.1076)	-0.1222** (0.0492)
age34	0.0383 (0.0234)	0.0231 (0.0316)	0.0696* (0.0414)	0.0010 (0.0317)

续表

变量	(1)	(2)	(3)	(4)
	全样本	时期 0	时期 1	时期 2
	RIF（variance）	RIF（variance）	RIF（variance）	RIF（variance）
*age*44	0. 0387* (0. 0230)	0. 0482* (0. 0267)	0. 0092 (0. 0310)	0. 0527* (0. 0296)
*age*54	0. 0635*** (0. 0191)	0. 0251 (0. 0266)	0. 0539* (0. 0314)	0. 0679** (0. 0282)
*educ*2	-0. 0519* (0. 0283)	-0. 0743** (0. 0374)	-0. 0887** (0. 0450)	-0. 0271 (0. 0341)
*educ*3	-0. 1120*** (0. 0259)	-0. 0866** (0. 0373)	-0. 1504*** (0. 0440)	-0. 0864** (0. 0363)
*educ*4	-0. 1152*** (0. 0307)	-0. 0548 (0. 0372)	-0. 1673*** (0. 0483)	-0. 0744* (0. 0407)
*educ*5	-0. 1625*** (0. 0286)	-0. 0871* (0. 0483)	-0. 1923*** (0. 0449)	-0. 1252*** (0. 0474)
*educ*6	-0. 0788 (0. 0748)	0. 0019 (0. 1496)	-0. 1219 (0. 0983)	-0. 0463 (0. 1063)
single	0. 2172*** (0. 0252)	0. 1816*** (0. 0354)	0. 1829*** (0. 0367)	0. 2462*** (0. 0327)
ln*hincome*	-0. 0190* (0. 0103)	-0. 0581*** (0. 0212)	0. 0018 (0. 0160)	-0. 0249** (0. 0102)
poor	0. 1564*** (0. 0270)	0. 0659* (0. 0340)	0. 2096*** (0. 0442)	0. 1304*** (0. 0274)
rich	0. 0944*** (0. 0194)	0. 1446*** (0. 0304)	0. 0618* (0. 0321)	0. 1122*** (0. 0279)
rincome	-0. 2438*** (0. 0105)	-0. 0298*** (0. 0108)	-0. 2360*** (0. 0212)	-0. 2488*** (0. 0154)
city	-0. 0376** (0. 0151)	0. 0014 (0. 0258)	-0. 0316 (0. 0254)	-0. 0344 (0. 0224)
house	0. 0046 (0. 0164)	-0. 0571** (0. 0225)	-0. 0176 (0. 0264)	0. 0042 (0. 0198)
work	-0. 0048 (0. 0156)	-0. 0879*** (0. 0231)	-0. 0239 (0. 0232)	0. 0038 (0. 0200)

续表

变量	(1)	(2)	(3)	(4)
	全样本	时期0	时期1	时期2
	RIF (variance)	RIF (variance)	RIF (variance)	RIF (variance)
health	-0.1034*** (0.0076)	0.0081 (0.0086)	-0.1020*** (0.0113)	-0.1013*** (0.0112)
child	-0.0056 (0.0081)		-0.0029 (0.0130)	-0.0121 (0.0118)
equity	-0.1679*** (0.0094)		-0.1551*** (0.0111)	-0.1783*** (0.0108)
party member	-0.0264 (0.0197)		-0.0624** (0.0274)	-0.0105 (0.0255)
Constant	2.2755*** (0.1392)	1.2367*** (0.2090)	2.1181*** (0.1929)	2.4165*** (0.1535)
Year	Controlled	Controlled	Controlled	Controlled
Province	Controlled	Controlled	Controlled	Controlled
Observations	32 987	13 211	13 816	19 171
R-squared	0.0848	0.0270	0.0826	0.0909

注：回归的基本设定与表6-4类似。括号内为Bootstrap标准差。***、**、*分别表示1%、5%和10%的显著性水平。

表A5　　　　时期2与时期1幸福感不平等差距的分解

解释变量	$\Delta_X^v = (E[X \mid T=1] - E[X \mid T=0])\beta_0^v$		$\Delta_S^v = E[X \mid T=1] \cdot (\beta_1^v - \beta_0^v)$	
	构成效应	标准误	系数效应	标准误
gender	-0.0002	0.0004	0.0027	0.0118
age24	-0.0039***	0.0012	-0.0065***	0.0025
age34	-0.0002	0.0007	-0.0087*	0.0052
age44	-0.0015*	0.0008	-0.0073	0.0078
age54	-0.0019***	0.0007	-0.0045	0.0080
educ2	0.0000	0.0001	0.0233**	0.0103
educ3	0.0009	0.0005	0.0309**	0.0137
educ4	0.0002	0.0003	0.0255***	0.0096

续表

解释变量	$\Delta_X^v = (E[X \mid T=1] - E[X \mid T=0])\beta_0^v$		$\Delta_S^v = E[X \mid T=1] \cdot (\beta_1^v - \beta_0^v)$	
	构成效应	标准误	系数效应	标准误
educ5	-0.0019***	0.0007	0.0185**	0.0080
educ6	-0.0002	0.0003	0.0013	0.0009
single	0.0110***	0.0014	0.0045	0.0053
ln*hincome*	-0.0062***	0.0019	-0.1245	0.1346
poor	0.0036***	0.0009	-0.0195**	0.0101
rich	-0.0009**	0.0005	0.0036	0.0077
rincome	-0.0196***	0.0024	-0.0402	0.0478
city	0.0003	0.0003	0.0230	0.0175
house	-0.0005	0.0009	0.0071	0.0195
work	-0.0006	0.0015	0.0408***	0.0157
prov	0.0012	0.0018	0.0371	0.0579
常数项			-0.0474	0.1582
合计	-0.0204***	0.0047	-0.0401***	0.0125

注：回归的基本设定与表 6-5 类似。***、**、* 分别表示 1%、5% 和 10% 的显著性水平。

参考文献

[1] 阿马蒂亚·森著，王磊、李航译，刘民权校译：《正义的理念》，中国人民大学出版社2012年版。

[2] 阿瑟·刘易斯：《劳动力无限供给条件下的经济发展》，中国经济出版社1954年版。

[3] 白重恩、钱震杰：《国民收入的要素分配：统计数据背后的故事》，载于《经济研究》2009年第3期。

[4] 陈彦斌：《行为资产定价理论》，中国人民大学出版社2006年版。

[5] 陈彦斌：《中国城乡财富分布的比较分析》，载于《金融研究》2008年第12期。

[6] 陈彦斌：《中国城乡无财富家庭的财富分布》，载于《中国人民大学学报》2008年第5期。

[7] 陈彦斌：《培育创新型富裕人群》，载于《光明日报》2016年6月22日第15版。

[8] 陈彦斌、霍震、陈军：《灾难风险与中国城镇居民财产分布》，载于《经济研究》2009年第11期。

[9] 董志强：《纯粹利己主义反思与经济学方法论的二重性》，载于《学术月刊》2006年第8期。

[10] 龚霁茸、费方域：《寻求公平的经济人——相关实验经济学研究综述》，载于《经济学家》2006年第2期。

[11] 官皓：《收入对幸福感的影响研究：绝对水平和相对地位》，载于《南开经济研究》2010年第5期。

[12] 郭继强：《中国城市次级劳动力市场中民工劳动供给分析——

兼论向右下方倾斜的劳动供给曲线》，载于《中国社会科学》2005年第5期。

[13] 黄乾、魏下海：《中国劳动收入比重下降的宏观经济效应——基于省级面板数据的实证分析》，载于《财贸经济》2010年第4期。

[14] 李实、魏众、B. 古斯塔夫森：《中国城镇居民的财产分配》，载于《经济研究》2000年第3期。

[15] 李实、魏众、丁赛：《中国居民财产分布不均等及其原因的经验分析》，载于《经济研究》2005年第6期。

[16] 李实、赵人伟：《中国居民收入分配再研究》，载于《经济研究》1999年第4期。

[17] 李涛：《社会互动、信任与股市参与》，载于《经济研究》2006年第1期。

[18] 李涛：《社会互动与投资选择》，载于《经济研究》2006年第8期。

[19] 李涛：《参与惯性与投资选择》，载于《经济研究》2007年第8期。

[20] 李涛、王志芳、王海港、谭松涛：《中国城市居民的金融受排斥状况研究》，载于《经济研究》2010年第7期。

[21] 李育、刘凯：《宏观收入分配格局对总需求的影响》，载于《财经问题研究》2018年第12期。

[22] 李育、吕之望：《收入分配，金融发展与宏观风险：一个文献综述》，载于《金融评论》2011年第4期。

[23] 李稻葵、刘霖林、王红领：《GDP中劳动份额演变的U型规律》，载于《经济研究》2009年第1期。

[24] 李扬、殷剑峰：《中国高储蓄率问题探究》，载于《经济研究》2007年第6期。

[25] 李子奈：《计量经济学应用研究的总体回归模型设定》，载于《经济研究》2008年第8期。

[26] 梁运文、霍震、刘凯：《中国城乡居民财产分布的实证研究》，载于《经济研究》2010年第10期。

[27] 林江、周少君、魏万青：《城市房价，住房产权与主观幸福感》，载于《财贸经济》2012 年第 5 期。

[28] 刘盾、施祖麟、袁伦渠：《利润拉动还是工资拉动？——对劳动收入份额影响经济增长的理论探讨与实证研究》，载于《南开经济研究》2014 年第 2 期。

[29] 刘军强、熊谋林、苏阳：《经济增长时期的国民幸福感——基于 CGSS 数据的追踪研究》，载于《中国社会科学》2012 年第 12 期。

[30] 刘凯：《劳动供给：一个社会性的视角——兼对农民工工资状况的解释》，载于《中国劳动经济学》2007 年第 1 期。

[31] 刘凯：《正视“无创新致富”现象》，载于《中国经济报告》2016 年第 5 期。

[32] 柳欣、王晨：《经济波动中的收入分配与有效需求——基于 1990 ~2007 年中国数据的再检验》，载于《当代财经》2009 年第 4 期。

[33] 陆学艺：《农民工问题要从根本上治理》，引自《“三农”新论—当前中国农业、农村、农民问题研究》，社会科学文献出版社 2005 年版，第 257 ~274 页。

[34] 罗长远、张军：《经济发展中的劳动收入占比：基于中国产业数据的实证研究》，载于《中国社会科学》2009 年第 4 期。

[35] 罗楚亮：《城乡分割，就业状况与主观幸福感差异》，载于《经济学》（季刊）2006 年第 3 期。

[36] 吕冰洋、郭庆旺：《论要素收入分配对居民收入分配的影响》，载于《中国社会科学》2012 年第 12 期。

[37] 吕冰洋、郭庆旺：《中国要素收入分配的测算》，载于《经济研究》2012 年第 10 期。

[38] 沈坤荣、刘东皇：《中国劳动者报酬提升的需求效应分析》，载于《经济学家》2011 年第 2 期。

[39] 孙三百、黄薇、洪俊杰、王卷华：《城市规模、幸福感与移民空间优化》，载于《经济研究》2014 年第 1 期。

[40] 王鹏：《收入差距对中国居民主观幸福感的影响分析——基于中国综合社会调查数据的实证研究》，载于《中国人口科学》2011 年

第3期。

[41] 王小鲁:《灰色收入与国民收入分配》, 载于《比较》2010年第48期。

[42] 魏众:《2000~2011年中国宏观分配格局中的问题分析》, 载于《经济学动态》2014年第11期。

[43] 吴晓明、吴栋:《我国城镇居民平均消费倾向与收入分配状况的实证研究》, 载于《数量经济技术经济研究》2007年第5期。

[44] 肖争艳、刘凯:《中国城镇家庭财产水平研究: 基于行为的视角》, 载于《经济研究》2012年第4期。

[45] 张车伟、张士斌:《中国初次收入分配格局的变动与问题——以劳动报酬占GDP份额为视角》, 载于《中国人口科学》2010年第5期。

[46] 赵人伟:《我国居民收入分配和财产分布问题分析》, 载于《当代财经》2007年第7期。

[47] "中国投资者动机和预期调查数据分析"课题组:《参与、不确定性与投资秩序的生产和演化》, 载于《经济研究》2002年第2期。

[48] 周浩、邹薇:《中国城市居民收入的分布动态研究: 1995~2004年》, 载于《财贸经济》2008年第10期。

[49] 周清杰:《低技能劳动力供给曲线研究》, 载于《农业技术经济》2004年第6期。

[50] Abel, A., Optimal Taxation when Consumers Have Endogenous Benchmark Levels of Consumption, Review of Economic Studies, 2005, 72 (1): 21-42.

[51] Alesina, A. and D. Rodrik, Distributive Politics and Economic Growth, Quarterly Journal of Economics, 1994, 109: 465-490.

[52] Alpizar, F., F. Carlsson, and O. Johansson - Stenman, How much do we care about absolute versus relative income and consumption?, Journal of Economic Behavior and Organization, 2005, 56: 405-421.

[53] Andreoni, James, and Ragan Petrie, Public Goods Experiments without Confidentiality: A Glimpse into Fund - Raising, Journal of Public Economics, 2004, 88: 1605-1623.

[54] Andreoni, James, and Lise Vesterlund, Which is the Fair Sex? Gender Differences in Altruism. Quarterly Journal of Economics, 2001, 116 (1): 293 -312.

[55] Appleton, S., L. Song, and Q. Xia, Has China Crossed the River? The Evolution of Wage Structure in Urban China during Reform and Retrenchment, Journal of Comparative Economics, 2005, 33 (4): 644 -663.

[56] Appleton, S., & Song, L., Life satisfaction in urban China: Components and determinants, World Development, 2008, 36 (11): 2325 -2340.

[57] Arrow, Kenneth J., Optimal and voluntary income redistribution, Rosenfield, Steven (ed). Economic Welfare and the Economics of Soviet Socialism: Essays in Honor of Abram Bergson, Cambridge University Press, 1981.

[58] Asadullah, M. N., Xiao, S., & Yeoh, E., Subjective well-being in China, 2005 -2010: The role of relative income, gender, and location, China Economic Review, 2018, 48: 83 -101.

[59] Auten, Gerald E., Charles T. Clotfelter, and Richard L. Schmalbeck, Taxes and Philanthropy among the Wealthy, In Does Atlas Shrug? The Economic Consequences of Taxing the Rich, ed. Joel B. Slemrod, New York: Russell Sage, 2000: 392 -423.

[60] Bartolini, S., & Sarracino, F., The Dark Side of Chinese Growth: Declining Social Capital and Well-being in Times of Economic Boom, World Development, 2015, 74: 333 -351.

[61] Becchetti, L., Massari, R., & Naticchioni, P., The drivers of happiness inequality: suggestions for promoting social cohesion, Oxford Economic Papers, 2014, 66 (2): 419 -442.

[62] Beegle, K., Himelein, K., & Ravaillon, M., Frame-of-reference bias in subjective welfare regressions, Journal of Economic Behavior & Organization, 2012, 81 (2): 556 -570.

[63] Becker, G. S., A Theory of Social Interactions, Journal of Polit-

ical Economy, 1974: 1063 - 1093.

[64] Benabou, Roland, and Jean Tirole, Incentives and Prosocial Behavior, American Economic Review, 2006, 96 (5): 1652 - 1677.

[65] Bhaduri, A., Marglin, S., Unemployment and the Real Wage: The Economic Basis for Contesting Political Ideologies, Cambridge Journal of Economics, 1990, 14 (4): 375 - 393.

[66] Bolton, G. E., & Ockenfels A., ERC: A Theory of Equity, Reciprocity and Competition, American Economic Review, 2000, 90: 166 - 193.

[67] Boskin, M. J., & Sheshinski, E., Optimal Redistributive Taxation when Individual Welfare Depends Upon Relative Income, Quarterly Journal of Economics, 1978, 92 (4): 589 - 601.

[68] Boyer, R., Is A Finance - Led Growth Regime A Viable Alternative to Fordism? A Preliminary Analysis, Economy and society, 2000, 29 (1): 111 - 145.

[69] Buckley, E. & Croson, R., Income and Wealth Heterogeneity in the Voluntary Provision of Linear Public Goods, Journal of Public Economics, 2006, 90: 935 - 955.

[70] Cagetti, M. and M. De Nardi, Wealth Inequality: Data and Models, NBER Working Paper No. 12550, 2006.

[71] Campbell, J. Y., Household Finance, Journal of Finance, 2006, 61 (8): 1553 - 1604.

[72] Carroll, C. D., K. E. Dynan, and S. S. Krane, Unemployment Risk and Precautionary Wealth: Evidence from Households' Balance Sheets, Review of Economics and Statistics, 2003, 85 (3): 586 - 604.

[73] Carroll, C. D., Overland, J., & Weil., D. N., Saving and growth with habit formation, American Economic Review, 2000, 90 (3): 341 - 355.

[74] Charness, G, M Rabin, Understanding social preferences with simple tests, Quarterly Journal of Economics, 2002: 151 - 172.

[75] Checchi, D. , Peragine, V. , & Serlenga L. , Fair and unfair income inequalities in Europe. Society for the Study of Economic Inequality Working paper, No. 2010: 174.

[76] Chen, M. K, Lakshminarayanan, V. , & Santos, L. R. , How basic are behavioral biases? Evidence from Capuchin monkey trading behavior, Journal of Political Economy, 2006, 114 (3): 517 – 537.

[77] Cheng, Z. , The effects of employee involvement and participation on subjective well-being: Evidence from urban China, Social Indicators Research, 2014, 118 (2): 457 – 483.

[78] Cheng, Z. , Prakash, K. , Smyth, R. , & Wang, H. , Housing Wealth and Happiness in Urban China, Working paper, 2018.

[79] Cheng, Z. , Wang, H. , & Smyth, R. , Happiness and Job Satisfaction in Urban China: A Comparative Study of Two Generations of Migrants and Urban Locals, Urban Studies, 2014, 51 (10): 2160 – 2184.

[80] Chernozhukov, V. , Fernάndez – Val, I. , & Melly, B. , Inference on counterfactual distributions, Econometrica, 2013, 81 (6): 2205 – 2268.

[81] Chin – Hon – Foei, S. , Life satisfaction in the EC countries, 1975 – 1984. in Veenhoven, R. (ed.): Did the Crisis Really Hurt?, Universitaire Pers Rotterdam, Netherlands, 1989: 24 – 43.

[82] Chyi, H. , & Mao, S. , The Determinants of happiness of China's elderly population, Journal of Happiness Studies, 2012, 13 (1): 167 – 185.

[83] Clark, A E. , Flèche, S. , & Senik, C. , The great happiness moderation, IZA Discussion Paper, No. 6761, 2012: 1 – 53.

[84] Clark, A. E. , Flèche, S. , & Senik, C. , Economic Growth Evens out Happiness: Evidence from Six Surveys, Review of Income and Wealth, 2016, 62 (3): 405 – 419.

[85] Clark, A. E. , Frijters, P. , & Shields, M. , Relative Income, Happiness, and Utility: An Explanation for the Easterlin Paradox and Other

Puzzles, Journal of Economic Literature, 2008, 46 (1): 96 - 144.

[86] Conceicao, P., & Bandura, R., Measuring Subjective Wellbeing: A Summary Review of the Literature, UNDP Research Paper, 2008.

[87] Cooper, D. J., & Kagel J. H., Other Regarding Preferences: A Selective Survey of Experimental Results, Working Paper, 2009.

[88] Demombynes, Gabriel and Berk Ozler, Crime and Local Inequality in South Africa, Journal of Development Economics, 2002, 76 (2): 265 - 292.

[89] Diamond, P. A. and J. A. Hausman, Individual Retirement and Savings Behavior, Journal of Public Economics, 1984, 23: 81 - 114.

[90] Diaz - Gimenez, J., V. Quadrini, and J. Rios - Rull, Dimensions of Inequality: Facts on the U. S. Distributions of Earnings, Income, and Wealth, Federal Reserve Bank of Minneapolis Quarterly Review, 1997, 21 (2): 3 - 21.

[91] Duflo, E. C. and E. Saez, The Role of Information and Social Interactions in Retirement Plan Decisions: Evidence from a Randomized Experiment, Quarterly Journal of Economics, 2003, 118: 815 - 842.

[92] Dupor, B., & Liu, W. F., Jealousy and Equilibrium Overconsumption, American Economic Review, 2003, 93 (1): 423 - 428.

[93] Durlauf, S. N., Neighborhood Effects, in Handbook of Regional and Urban Economics, J. V. Henderson and J. F. Thisse, eds., Amsterdam: North Holland, 2004.

[94] Dutta, I., & Foster, J., Inequality of Happiness in the U. S.: 1972 - 2010, Review of Income and Wealth, 2013, 59 (3): 393 - 415.

[95] Easterlin, R. A., Does Economic Growth Improve the Human Lot? Some Empirical Evidence, In Nations and Households in Economic Growth: Essays in Honor of Moses Abramovitz, ed. R. David and M. Reder. New York: Academic Press, 1974: 89 - 125.

[96] Easterlin, R. A., Will raising the Incomes of All Increase the Happiness of All? Journal of Economic Behavior and Organization, 1995,

27 (1): 35 -47.

[97] Eisenberg, N. and Miller, P. A., The Relation of Empathy to Prosocial and Related Behaviors, Psychological bulletin, 1987, 101 (1): 91 -119.

[98] Fehr, E., & Schmidt, K. M., A Theory of Fairness, Competition and Cooperation, Quarterly Journal of Economics, 1999, 114: 817 -868.

[99] Ferrer-i-Carbonell, A., & Frijters, P., How Important is Methodology for the Estimates of the Determinants of Happiness? Economic Journal, 2004, 114 (497): 641 -659.

[100] Firpo, S., Fortin, N. M., & Lemieux, T., Unconditional Quantile Regressions, Econometrica, 2009, 77 (3): 953 -973.

[101] Firpo, S., Fortin, N. M., & Lemieux, T., Decomposing Wage Distributions Using Recentered Influence Function Regressions, Econometrics, MDPI, Open Access Journal, 2018, 6 (2): 1 -40.

[102] Fischbacher, U., Z - Tree: Zurich Toolbox for Ready - Made Economic Experiments, Experimental Economics, 2007, 10 (2): 171 -178.

[103] Fitoussi, J. P., Stiglitz, J., The Ways Out of the Crisis and the Building of A More Cohesive World, Observatoire Francais Des Conjonctures Economiques, 2009 -07 -17.

[104] Fortin, N., Lemieux, T., & Firpo, S., Decomposition methods in economics. Handbook of Labor Economics, 2012, 4: 1 -102.

[105] Frey, B. S., & Stutzer, A., What can Economists Learn from Happiness Research? Journal of Economic Literature, 2002, 40: 402 -435.

[106] Gächter, S., & Thöni, C., Social Comparison and Performance: Experimental Evidence on the Fair Wage-effort Hypothesis, Journal of Economic Behavior and Organization, 2010, 76: 531 -543.

[107] Galor, O. and O. Moav, From Physical to Human Capital Accu-

mulation: Inequality and the Process of Development, Review of Economic Studies, 2004, 71: 1001 - 1026.

[108] Gandelman, N., & Porzecanski, R., Happiness Inequality: How Much is Reasonable? Social Indicators Research, 2013, 110 (1): 257 - 269.

[109] Glazer, Amihai and Kai A. Konrad., Signaling Explanation for Charity, The American Economic Review, 1996, 86 (4): 1019 - 1028.

[110] Goff, L., Helliwell, J. F., & Mayraz, G., The Welfare Costs of Well - Being Inequality, NBER Working Paper, No. 21900, 2016.

[111] Gollier, C., What Does The Classical Theory Have to Say about Household Portfolios, in Household Portfolios, L. Guiso, T. Jappelli and M. Haliassos, eds., Boston: The MIT Press, 1999: 27 - 54.

[112] Guimaraes, B., & Sheedy, K. D., A Model of Equilibrium Institutions, CEPR Discussion Papers, No. 8855, 2012.

[113] Guiso, L., P. Sapienza, and L. Zingales, The Role of Social Capital in Financial Development, American Economic Review, 2004, 94: 526 - 556.

[114] Guiso, L., P. Sapienza, and L. Zingales, Trusting the Stock Market, NBER Working Paper, No. W11648, 2005.

[115] Gustavsson, Magnus and Henrik Jordahl, Inequality and Trust in Sweden: some Inequalities are More Harmful than Others, Journal of Public Economics, 2008, 92 (1): 348 - 365.

[116] Hampel, F. R., The Influence Curve and its Role in Robust Estimation, Journal of the American Statistical Association, 1974, 69 (346): 383 - 393.

[117] Hauser, R. and H. Stein, Inequality of the Distribution of Personal Wealth in Germany 1973 - 1998, Levy Economics Institute Working Paper, No. 398, 2003.

[118] He, L. X., & Pan, C. Y., Uncover the "Easterlin Paradox" of China: Income Gap, Inequality of Opporitunity and Happiness, Manage-

ment World, 2011, 8: 11 -22 (in Chinese).

[119] He, L. Y., & Lu, Y. P., Corruption, Social Trust and Subjective Well-being, The 11th China Institutional Economics Conference Proceedings Working Paper, 340 - 353. doi: http://cpfd.cnki.com.cn/Article/CPFDTOTAL-BJDT201110002031.htm (in Chinese), 2011.

[120] Headey, B., G. Marks, and M. Wooden, The Structure and Distribution of Household Wealth in Australia, Melbourne Institute Working Paper No. 12/04, 2004.

[121] Hein, E., Vogel, L., Distribution and Growth Reconsidered: Empirical Results for Six OECD Countries, Cambridge Journal of Economics, 2008, 32 (3): 479 -511.

[122] Helliwell, J. F., Huang, H., & Wang, S., The Distribution of World Happiness, Chapter 2 of Helliwell, J. F., Layard, R., & Sachs, J. World Happiness Report Update 2016, Sustainable Development Solutions Network, 2016.

[123] Hong, H., J. Kubik, and J. C. Stein, Social Interaction and Stock - Market Participation, Journal of Finance, 2004, 59 (2): 137 -163.

[124] Huang, Y., & Yi, C., Consumption and Tenure Choice of Multiple Homes in Transitional Urban China, European Journal of Housing Policy, 2010, 10 (2): 105 -131.

[125] Ifcher, J., & Zarghamee, H., Inequality of Happiness: Evidence of the Compression of the Subjective - Wellbeing Distribution with Economic Growth, In Inequality and Growth: Patterns and Policy, Palgrave Macmillan, London, 2016: 225 -245.

[126] Jiang, S. Q., Lu, M., & Sato, H., Identity, Inequality, and Happiness: Evidence from Urban China, World Development, 2012, 40 (6): 1190 -1200.

[127] Johansen, S., Likelihood - Based Inference in Cointegrated Vector Autoregressive Models, Oxford: Oxford University Press on Demand, 1995: 167 -199.

[128] Kahneman, D., Knetsch, J. L., & Thaler, R. H., Fairness as a Constraint on Profit Seeking: Entitlements in the Market, American Economic Review, 1986, 76 (4): 728-741.

[129] Kalmijn, W., & Veenhoven, R., Measuring Inequality of Happiness in Nations: In Search for Proper Statistics, Journal of Happiness Studies, 2005, 6 (4): 357-396.

[130] Kimball, M., & Willis, R., Utility and Happiness, Unpublished Manuscript, 2006.

[131] Klevmarken, N. A., On Household Wealth Trends in Sweden over the 1990s, Levy Economics Institute Working Paper, No. 395, 2003.

[132] Knight, J., & Gunatilaka, R., The Rural-urban Divide in China: Income but not Happiness?, Journal of Development Studies, 2010, 46 (3): 506-534.

[133] Knight, J., Song, L., & Gunatilaka, R., Subjective Well-being and its Determinants in Rural China, China Economic Review, 2009, 20 (4): 635-649.

[134] Konow, J. & Earley, J., The Hedonistic Paradox: Is Homo Economicus Happier?, Journal of Public Economics, 2008, 92 (1): 1-33.

[135] Kumhof, Michael; Ranciere, Romain; Winant, Pablo., Inequality, Leverage and Crises, American Economic Review, 2015, 105 (3): 1217-1245.

[136] Layard, R., Happiness: Lessons from a New Science, London: Allen Lane, 2005.

[137] Levinson, A., Valuing Public Goods Using Happiness Data: The Case of Air Quality, Journal of Public Economics, 2012, 96 (9): 869-880.

[138] Liang, Y., & Wang, P., Influence of Prudential Value on the Subjective Well-being of Chinese Urban-rural Residents, Social Indicators Research, 2014, 118 (3): 1249-1267.

[139] Lind, D. A., M. G. William, and M. D. Robert, Statistical

Techniques in Business and Economics, McGraw - Hill, 2002.

[140] Ling, D. C., Do the Chinese "Keep up with the Jones"? Implications of Peer Effects, Growing Economic Disparities and Relative Deprivation on Health Outcomes Among Older Adults in China, China Economic Review, 2009, 20 (1): 65 - 81.

[141] Liu, K. and X. Wang, Relative Income and Income Satisfaction: An Experimental Study, Social Indicators Research, 2017, 132 (1): 395 - 409.

[142] Ljungqvist, L., &Uhlig, H., Tax Policy and Aggregate Demand Management under Catching Up with the Joneses, American Economic Review, 2000, 90 (3): 356 - 366.

[143] Luo, X. and N. Zhu, Rising Income Inequality in China: A Race to the Top, World Bank Policy Research Working Paper, No. 4700, 2008.

[144] Luechinger, S., Life Satisfaction and Transboundary Air Pollution, Economics Letters, 2010, 107 (1): 4 - 6.

[145] Luttmer, E. F. P., Neighbors as Negatives: Relative Earnings and Well-being, Quarterly Journal of Economics, 2005, 120 (3): 963 - 1002.

[146] Machado, J. A. F., & Mata, J., Counterfactual Decomposition of Changes in Wage Distributions Using Quantile Regression, Journal of Applied Econometrics, 2005, 20 (4): 445 - 465.

[147] Madden, D., The Impact of an Economic Boom on the Level and Distribution of Subjective Well - Being: Ireland, 1994 - 2001, Journal of Happiness Studies, 2011, 12 (4): 667 - 679.

[148] Mendoza, E. G., Razin, A., Tesar, L. L., Effective Tax Rates in Macroeconomics: Cross - Country Estimates of Tax Rates on Factor Incomes and Consumption, Journal of Monetary Economics, 1994, 34 (3): 297 - 323.

[149] Meng, X., Wealth Accumulation and Distribution in Urban Chi-

na, Economic Development and Cultural Change, 2007, 55 (4): 761 - 791.

[150] Merton, R. C., Lifetime Portfolio Selection under Uncertainty: The Continuous - Time Case, Review of Economics and Statistics, 1969, 51 (8): 247 - 257.

[151] Merton, R. C., Optimum Consumption and Portfolio Rules in a Continuous Time Model, Journal of Economic Theory, 1971, 3 (12): 373 - 413.

[152] Morissette. R., X. Zhang, and M. Drolet, The Evolution of Wealth Inequality in Canada, 1984 - 1999, Statistics Canada Analytical Studies Working Paper, No. 187, 2002.

[153] Morissette, R. and X. Zhang, Revisiting Wealth Inequality, Statistics Canada, 2006, 12: 5 - 16.

[154] Neumark, D., and Postlewaite A., Relative Income Concerns and the Rise in Married Women's Employment, Journal of Public Economics, 1998, 70 (1): 157 - 183.

[155] Niederle, M., & Vesterlund, L., Do Women Shy away from Competition? Do Men Compete Too Much?, Quarterly Journal of Economics, 2007, 122 (3): 1067 - 1101.

[156] Nielsen, I., Smyth, R., & Zhai, Q., Subjective Well-being of China's Off-farm Migrants, Journal of happiness studies, 2010, 11 (3): 315 - 333.

[157] Niimi, Y., What Affects Happiness Inequality? Evidence from Japan, Journal of Happiness Studies, 2018, 19 (2): 521 - 543.

[158] Nishi, A., Shirado, H., Rand, D. G., & Christakis, N. A., Inequality and Visibility of Wealth in Experimental Social Networks, Nature, 2015, 526: 426 - 429.

[159] Onaran, Ö., Stockhammer, E., Grafl, L., Financialisation, Income Distribution and Aggregate Demand in the USA, Cambridge Journal of Economics, 2011, 35 (4): 637 - 661.

[160] Ott, J. C., Government and Happiness in 130 Nations: Good Governance Fosters Higher Level and More Equality of Happiness, Social Indicators Research, 2011, 102 (1): 3-22.

[161] Ovaska, T., & Takashima, R., Does a Rising Tide Lift All the Boats? Explaining the National Inequality of Happiness, Journal of Economic Issues, 2010, 44 (1): 205-224.

[162] Piketty, T., Capital in the 21st Century, Cambridge: Harvard University Press, 2014: 28-38.

[163] Piketty, T., L. Yang, and G. Zucman., Capital Accumulation, Private Property, and Rising Inequality in China, 1978 - 2015, American Economic Review, 2019, 109 (7): 2469-2496.

[164] Qian, Y., & Qian, Z., Work, Family, and Gendered Happiness among Married People in Urban China, Social Indicators Research, 2015, 121 (1): 61-74.

[165] Rajan, R. G., Fault Lines: How Hidden Fractures Still Threaten the World Rconomy, Princeton: Princeton University Press, 2011: 121-129.

[166] Ravallion, M. and S. Chen, Measuring Pro-poor Growth, World Bank Policy Research Working Paper, No. 2666, 2001.

[167] Reich, R. B., Aftershock: The Next Economy and America's Future, New York: Random House LLC, 2010: 21-25.

[168] Reyniers, D. and Bhalla, R., Reluctant Altruism and Peer Pressure in Charitable Giving, Judgment and Decision Making, 2013, 8 (1): 7-15.

[169] Samuelson, P. A., Lifetime Portfolio Selection by Dynamic Stochastic Programming, Review of Economics and Statistics, 1969, 51 (8): 239-246.

[170] Samuelson, Paul A, Altruism as a Problem Involving Group Versus Individual Selection in Economics and Biology, American Economic Review, 1993: 143-148.

[171] Selten, R., Decision Theory and Social Ethics, Issues in Social Choice, The Equity Principle in Economic Behavior, D. Reidel Pubilishing Company, 1978: 289 - 301.

[172] Sen, Amartya, Moral Codes and Economic Success, Edward Eldar Press, 1995.

[173] Smith, V. L., Economics in the Laboratory, Journal of Economic Perspectives, 1994, 8 (1): 113 - 131.

[174] Solow, R. M., A Contribution to the Theory of Economic Growth, The Quarterly Journal of Economics, 1956, 70 (1): 65 - 94.

[175] Stern, Ken, Why the Rich Don't Give to Charity - The wealthiest Americans donate 1.3 percent of their income; the poorest, 3.2 percent. What's up with that? The Money Report, April 2013, http: //www.theatlantic.com/magazine/archive/2013/04/why - the - rich - dont - give/309254/, 2013.

[176] Stevenson, B., & Wolfers, J., Happiness Inequality in the United States, Journal of Legal Studies, 2008, 37 (S2): S33 - S79.

[177] Stockhammer, E., Ederer, S., Demand Effects of the Falling Wage Share in Austria, Empirica, 2008, 35 (5): 481 - 502.

[178] Sun, W., & Wang, X., Do Relative Income and Income Inequality Affect Consumption? Evidence from the Villages of Rural China, Journal of Development Studies, 2013, 49 (4): 533 - 546.

[179] Swan, T. W., Economic Growth and Capital Accumulation, Economic Record, 1956, 32 (2): 334 - 361.

[180] Van Praag, B. M. S., Well-being Inequality and Reference Groups: An Agenda for New Research, Journal of Economic Inequality, 2011, 9 (1): 111 - 127.

[181] Veenhoven, R., Return of Inequality in Modern Society? Test by Dispersion of Life-satisfaction Across Time and Nations, Journal of Happiness Studies, 2005, 6 (4): 457 - 487.

[182] Vissing - Jorgensen, A., Towards an Explanation of Household

Portfolio Choice Heterogeneity: Nonfinancial Income and Participation Cost Structures, NBER Working Paper, No. W8884, 2002.

[183] Wang, X., Relative Income and Donation Behavior: An Experimental Study, Working Paper of School of Economics, Renmin University of China, 2015.

[184] Wang, P., & Vander Weele, T. J., Empirical Research on Factors Related to the Subjective Well-being of Chinese Urban Residents, Social Indicators Research, 2011, 101 (3): 447 -459.

[185] Wolff, E. N., Recent Trends in the Size Distribution of Household Wealth, Journal of Economic Perspectives, 1998, 12 (3): 131 -150.

[186] Wolff, E. N. and M. Gittleman, Racial Differences in Patterns of Wealth Accumulation, Journal of Human Resources, 2004, 39 (1): 193 - 227.

[187] Wu, X., & Cheng, J., The Emerging New Middle Class and the Rule of Law in China, China Review, 2013, 13 (1): 43 -70.

[188] Xiao, E., & Bicchieri, C., When Equity Trumps Reciprocity, Journal of Economic Psychology, 2010, 31: 456 -470.

[189] Yang, J., K. Liu, and Y. Zhang, Happiness Inequality in China, Journal of Happiness Studies, 2019, 20: 2747 -2771.

[190] Yang, J., C. Zhang, and K. Liu, Income Inequality and Civil Disorder: Evidence from China, Journal of Contemporary China, Forthcoming, 2019.

后　记

在本书即将付梓之际，新型冠状病毒肆虐神州大地和世界各国，夺去了很多人宝贵的生命。此次疫情传播范围之广、影响程度之深，在人类历史上罕见。无论你来自发展中国家还是发达国家；无论你属于低收入阶层还是高收入阶层，你都受到了“新冠病毒”的极大威胁。这促使我们重新思考生命的意义和平等的内涵。感染病毒后的治疗成本很高，超出了中低收入阶层的承受范围，但中国社会愿意以较大的代价来对所有感染者实行免费治疗。这背后的基本逻辑，除了感染者会对社会造成极大的负外部性，因而其治疗应该得到社会补贴这一点之外，另一点也非常重要，那就是人们在生命权和基本健康层面应该平等。因此，当我们讨论收入、财产以及幸福感平等或不平等的时候，我们应该意识到生命权和健康的平等是最基本的前提。既然生命和健康是个人实现自由发展和追求幸福的基本前提和保障，那么在一个奉行人道主义的社会，努力保障生命权和基本健康层面的平等就应该是政府应当做的。

本书是笔者以后继续深入研究分配与平等问题的起点，在踏上新的研究征程之前，我要对我的合作者表示感谢。感谢肖争艳教授、王湘红教授、梁运文教授、霍震教授、杨继东教授以及李育研究员，没有他们的支持与帮助本书难以完成。我还要感谢章逸然、王度州、王哲等同学出色的助研工作。

我要特别感谢我的爱人以及我的父母和岳父母，没有他们的爱与陪伴、支持鼓励以及悉心照料，本书的完成恐怕要延迟许多。最后，我要特别感谢我的爱女刘悠然，她在本书成书的过程中来到这个世界，虽然她现在只有 5 个月大，却带给我极大的幸福感。这种幸福感有效缩小了我与那些幸福人士之间的幸福感不平等，也使我不再过度关注我与那些富裕人士之间的收入差距和财产差距。附上我写给刘悠然的词作结，希望她未来生活在一个更加公平同时又更加充满活力的世界。

渔家傲·前世情人

——作于 2020 年情人节

柳叶两枚春意好，
梨花瓣下樱桃闹，
明月成双溪涧照。
须浅笑，
能融冬雪绿秋草。

前世情人今日抱，
情人今日正年少，
此乐直飞追霭脚。
春尚早，
人生漫漫不言老。

刘凯于人民大学
2020 年 3 月